2016. 6. 17

아들에게 드립니다 —.

보통의
엄마

보통의 엄마

야순님 지음

우리는 이미 괜찮은 엄마입니다

아우름

들어가며

십수년간 아이들과 함께 살아오며 블로그에 적어왔던 글들이 묶여
지난해에 『보통의 육아』라는 책으로 세상에 나왔습니다.
특별한 육아 비법도, 신비한 처방 같은 것도 없는
평범한 엄마의 평범한 육아 이야기가 책으로 나온 것이
참으로 신기했더랬습니다.

스물넷, 남들보다 조금 이른 나이에 첫아이를 낳고
아이 셋을 키우면서
홀로 고군분투했던 고립육아, 독박육아를 거치며

누군가의 도움이 절실했던 그때에
온갖 육아서, 블로그와 카페 등에 돌아다니는 육아 비법,
교육 방식을 좇으며 엄마 공부랍시고 했던 것들이
오히려 시행착오였고,
오롯이 아이들을 바라보며 아이들을 따라갔던 것이
훨씬 더 나은, 행복한 육아 방식이었음을 깨닫습니다.

시중에 나온 많고 많은 육아서 중
교육 전문가, 육아 전문가,
특별한 누구누구 맘의 비법서들도 좋지만
저는 박혜란 선생님 정도의 위치에 올라야만
후배 맘들에게 이런저런 조언을 해줄 수 있지 않을까 생각합니다.
가수 이적씨의 어머니로 더 유명한 여성학자 박혜란 선생님은
세 아들이 모두 장성하여 각자 직업을 갖고 결혼해
자녀도 낳은 후 아이들 키우던 시절을 되돌아보며
후배 맘들에게 따뜻한 위로의 말을 건넵니다.

어떤 방식으로 아이를 키워야 한다는 지침,
각종 코칭, 컨트롤 기술을 이야기하는 육아서가 아니라
엄마들이 얼마나 힘든지, 외로운지 들여다봐주고
등을 토닥이며 다친 마음을 어루만져줄 수 있는

그런 이야기를 쓰고 싶었습니다.
모두가 슈퍼맘일 수 없고
완벽한 엄마란 존재하지 않는다는 것을 위안 삼으며,
오늘 내가 살아온 하루가 최선이었음을 알고
내일을 위해 조금 더 힘을 내는 그런 평범한 엄마의 이야기.

보통의 엄마가 아이 셋을 키워오며 느낀
엄마 이야기를 열어봅니다.
제 모습에서 당신의 모습을 볼 수도,
제 아이들의 모습에서 당신 자녀의 모습을 볼 수도 있는
평범한 일상 속 보통의 이야기에서
외롭고 힘든 엄마들이 힘을 얻기를 바랍니다.

차 례

들어가며 _005

PART 01 나는 그렇게 엄마가 되었다

결혼은 해피 '엔딩'이 맞을까? _014

아름다운 D라인은 데미 무어이기에 가능하다 _020

여자 사람, 코끼리에서 젖소가 되다 _025

아이는 재우려고 낳았나 _032

육아, 환상으로 시작된 환장의 연속 _038

엄마답다는 게 뭔데? _046

PART 02 엄마는 언제 불행해지는가

내가 엄마라서 미안해 _054

엄마가 가장 힘든 순간 _062

내 아이가 특별하기를 바라는 마음 _068

엄마는 학교가 무섭다_076

아이를 죽이는 것은 의외로 쉽다_083

누구도 버럭버럭 아줌마를 꿈꾸지 않는다_090

엄마는 언제 불행해지는가_099

엄마라면 모유를 먹인다고?_105

PART 03 누구도 그냥 엄마가 되는 것은 아니다

나는 이미 좋은 엄마라는 위로_114

독박육아, 고립육아의 끝을 보다_122

나는 올빼미 엄마다_131

아이가 양치질을 잘하게 만드는 법_137

물개 박수, 엄마는 방청객_146

엄마들, 그만 후회하자_154

지금 바로 꼭 안아주는 것_161

PART 04 울트라 슈퍼 엄마가 아니어도 괜찮아

엄마는 괜찮지 않다_168

그립고 또 그리운 육아전쟁_175

의외로 아이들은 엄마가 필요하지 않다_183

남편을 내 편으로 만들기_192

행복한 어른이 되는 꿈_199

번지점프대 위에 아이를 세우다_205

PART 05 엄마도 장래 희망이 있다

나도 이모님과 살고 싶다_216

아빠와 엄마가 꾸는 꿈_222

바로 지금, 구체적으로 행복하기_229

킬힐과 빨간 립스틱의 행복_234

엄마, 당신의 이름은 무엇입니까_242

나오며_253
엄마 마음 십계명_258

PART 01

나는 그렇게

엄마가 되었다

결혼은 해피 '엔딩'이 맞을까?

2003년 1월 19일, 내 나이 스물넷이 되던 그해,
나는 동화 속 공주님처럼 예쁘게 화장을 하고 멋진 드레스를 입고
신랑 신부의 걸음걸음에 열렬히 박수 치는 이들의 환호 속에
결혼식을 올렸다.
그날은 나를 위해 마련된 축제의 날 같았고
그 축제의 주인공은 당연히 신부인 나였으며
그날의 나는 세상에서 가장 아름답고 행복한 여인이었다.
그렇게 결혼은
"그후로 신데렐라는 왕자님과 결혼하여

오래오래 행복하게 살았답니다"라는
동화 속 결말처럼 행복한 날의 연속일 줄로만 알았다.

그러나 내 생애 가장 화려했던 신부 메이크업을 지우고
내 평생 처음으로 입어본 꿈의 웨딩드레스를 벗은 순간
내 인생의 12시는 지났다.
내 호박마차는 사라졌고 유리구두 한 짝만 남았다.
나는 이제 한 여자로서가 아니라
누군가의 아내, 누군가의 며느리, 누군가의 엄마로
아직 '엔딩' 되지 않은 결말을 써내려가야 하는 기로에 서게 되었다.

살림이라고는 엄마가 차려준 밥상에
숟가락 하나만 얹을 줄 알았던 내가
남편과 시어머니의 삼시 세끼를 준비해야 하는 주부가 되었고
아침잠이 많아 늘 지각을 하느냐 마느냐로 하루를 시작하던 내가
새벽 5시에 집을 나서는 남편의 출근 준비를 위해
새벽 4시에 일어나 아침상을 차리고, 남편의 셔츠를 다리고
해도 뜨지 않은 새벽 현관문 앞에서
남편을 배웅하며 하루를 시작했다.

내가 그토록 좋아하던 남자와 함께 살게 되었는데,

1분 1초도 떨어지기 싫었던 그와 소원대로 결혼을 했는데
어찌 이토록 하루하루가 힘겹단 말인가.
가정주부가 이토록 고생스러운 것이었나?
아내라는 지위는 쉽게 얻을 수 있는 것이 아니었나?

이 남자가 너무 좋아 얼레벌레 이 남자의 집으로 들어갔으나
그 집은 그 남자만의 것이 아니었다.
스물넷 나이 어린 색시는 남편뿐 아니라
그의 어머니와도 함께해야 했다.
그것도 시월드의 세계에서 갑 오브 갑으로 통하는
'홀시어머니' 말이다.

이 남자와 결혼하면 공주님에서 왕비님으로 업그레이드되어
왕비 대접 받으며 편히 살 줄 알았건만,
시어머니의 날선 감시망 안에서
남편은 섣불리 부엌에 출입할 수 없었고
남편 출근하는데 쳐 자는 며느리,
힘들게 일한 남편 퇴근해서 들어오는데 밥 안 하는 며느리는
감히 용납할 수 없는 존재이며,
그런 상황은 절대 있을 수 없는 일이었다.

나이 스물 넘게 다 커서도
10분만 더, 5분만 더 잔다며 아침마다 엄마에게 짜증을 부리고
속옷 빨래 한 번을 안 하고 세탁기에 그냥 집어넣던 나.
그냥 누군가의 딸이었고 한 여자였던 내가
아내, 주부로 입성하기는 시어머니의 훈육까지 더해져
참으로 힘겨웠다.
시어머니께 설거지 하는 법, 세탁기 돌리는 법 하나하나까지
가사 노동법을 전수받는 것만으로도
결혼 초 주부의 생활은 참으로 벅찼다.
친구들 중에서도 내가 가장 먼저 시집을 갔으니
참고할 케이스도 없었다.

스물넷의 나이 어린 색시는 토끼를 쫓다
이상한 나라에 떨어진 앨리스처럼
인물 훤한 저 오빠만 믿고 멋모르고 따라갔다가
무시무시한 시월드에 떨어졌다.

결혼은 사랑하는 사람과 매일매일 함께할 수 있고
누구나 거쳐 가는 통과의례가 아니더라.
결혼은 인생의 새로운 시작이라는 흔하고 흔한,
닳고 닳은 주례 아저씨의 식상한 멘트가

틀린 게 아니더라.
피 한 방울 섞이지 않은 생판 모르던 남들과 가족이 되고
그 새로운 가족 내에서 아내, 며느리, 혹은 형수이자 제수,
올케에 동서까지 나의 자리는 엄청나게 확장되었고
그에 따라 내 역할도 어마무시하게 가지치기되어 늘어났다.

그저 사랑과 연애의 행복한 결말쯤으로 생각했던 결혼이란 것이
나에게 이토록 많은 역할을 요구할 줄 몰랐다.
살림이라는 것이, 시집살이라는 것이
이토록 버거운 것인 줄도 몰랐다.
그저 보통의 사람들이 그러하듯,
연애-결혼-임신-출산-육아의 5단계를
자연스레 거치면 되는 줄 알았다.
아, 아니다.
적지 않은 수의 사람들은 결혼과 임신의 순서를 바꾸기도 한다.
나 또한 준비성이 매우 좋은 사람이라 아이를 먼저 갖고 결혼한
일명 속도위반 케이스였기에
나의 백마 탄 왕자님은 내게 유일하게 남은
희망의 유리구두 한 짝을 내밀었다.

"너, 뱃속에 애 있다."

그래, 아이만 나오면 살림을 덜 해도 되겠지.
아이를 낳는 순간 나는 산후조리의 보호를 받는 산모가 되고
오직 아이만 돌보며 그나마 수월하게 살 수 있겠지.
그때가 되면 여왕님 대접을 받으며 어여쁜 아기를 안고 뒹구는
살 만한 날들이 오겠지라고 기대했건만.

그때는 미처 깨닫지 못했다.
시월드에 필적하는 무시무시한 육아 무림의 세계를.
아내, 며느리, 주부,
그 어떤 역할보다도 엄청난 내공을 필요로 하는
'엄마'라는 지위를 얻는 것이 어떤 의미인지를
이 가엾은 신데렐라는 짐작조차 하질 못했다.

과연 신데렐라는 왕자님과 결혼하여
오래오래 행복하기만 했을까?
신데렐라는 왕비마마 모시고 사는 시집살이 같은 건 안 했을까?
신데렐라는 독박육아 그런 거, 안했을까?

정말 결혼은 해피 '엔딩'이 맞을까?

아름다운 D라인은
데미 무어이기에
가능하다

어느 날 유명 잡지 표지에 데미 무어의 누드 화보가 실렸다.
손으로 가려진 데미 무어의 가슴과 볼록한 배를 보고
사람들은 아름다운 D라인이라 칭송했다.
아마도 데미 무어 때문이었을 거다.
우리에게도 만삭 화보가 유행이 된 것은.
나는 만삭 화보를 찍지 않았다.
사진관에서 무료로 촬영을 해준대도
싫다고 도리질을 쳤다.
내게 만삭 사진은 더는 임신할 일이 없겠거니 싶어

셋째 출산 직전 병실에서 마지막으로
기록 삼아 찍은 사진이 유일하다.
아름다운 D라인?
그래도 나는 S라인이 더 좋았다. 여자니까.
스물넷 꽃다운 나이에 임신해 S라인을 잃어버리고
D라인을 넘어 코끼리가 되어버린 내 몸매를 보는 것이
얼마나 우울한 일이었는지 모른다.

드라마 속의 임신은 참으로 어여쁘기만 하더라.
손으로 입을 가리고 우욱 하고서는 뭔가 짐작이 간다는 듯
탁상 달력을 손에 들고 손가락으로 날짜를 세고,
임신 테스트기의 두 줄을 확인하고
남편에게 수줍게 테스트기를 내밀면
남편은 우리에게도 아이가 생기는 거냐며 날아갈 듯 기쁨에 겨워
아내를 끌어안고 빙그르 돌기도 하며 좋아 죽더라만.
따사로운 햇살이 내리쬐는 창가에 흔들의자를 갖다놓고 앉아
우아한 클래식 음악을 들으며 아이가 입게 될 배냇저고리에
한 땀 한 땀 자수도 놓고 그렇게나 여유로울 수가 없더라만.
한 손은 부른 배 위에 얹고, 한 손은 허리를 받치며
남편의 에스코트를 받으며 여왕님 대접을 받더라만.
현실의 임신은 이랬다.

임신 테스트기의 두 줄을 확인한 순간 마냥 기쁘지만은 않았다.
내가 과연 엄마가 될 자격이 있나, 그럴 준비가 되어 있나,
내가 포기하게 될 것들은 무엇인가……
수많은 생각들이 머릿속을 스쳐갔고,
남편 또한 늘어난 식구 하나를 책임지리라는
굳은 다짐을 해야 했다.
흔들의자는커녕 회음부 방석에 앉는 호사조차 누리질 못했고
나는 여전히 주부로 싱크대 앞을 지키고 세탁기와 씨름하며
부른 배를 안고 살림 전선 최전방에 서 있었다.

옛날엔 밭에서 일하다가 잠깐 들어가서 애 낳고
다시 와서 일해도 끄떡없었다며 "임신이 대수냐"라는
어르신들의 말씀에 찍소리도 못 한 채
명절 차례상 차리기, 김장 등에 동원되는
일꾼 며느리였으며,
남편님은 그저 술 안 퍼마시고 일찍 들어와주시기만 해도
감읍할 따름이었다.

10개월 지나가면 절로 나오는 아이가 아니더라.
임신 10개월 동안 얼마나 노심초사하고 걱정했는지 모른다.
임신 초기 12주 동안에는 늘 살얼음판을 걷는 기분이었다.

주변에서 초기 유산에 대한 이야기를 많이 접한 탓이다.
5~6주, 동그란 아기집을 확인하고
7~8주, 아기의 쿵쾅쿵쾅 심장 소리를 듣고
그후 12주까지 별 탈이 없다면 아이가 잘 자랄 수 있는
터를 잡았으니 유산에 대한 걱정은 없다고 한다.

한데 그게 끝이 아니다.
기형아 검사니 정밀 초음파 검사니 하는 각종 검사들은
산모를 안심시키기보다는
행여나 이상한 점이 나올까봐 겁나는 일이기도 했고,
임산부 카페에 줄지어 올라오는
조산이나 사산 같은 좋지 않은 사례들이 머릿속에 콱 박혀서
나도 이러면 어쩌나, 나도 저러면 어쩌나 하는
걱정과 두려움이 훨씬 더 컸다.

그런 심리적 고통에 육체적 고통이 더해진다.
임신 초기에는 입덧으로 고생을 하고
임신 개월 수가 더해갈수록 몸은 점점 무거워져
생전 어디 있는지도 몰랐던 치골이란 곳이 쑤시고
살가죽이 투둑투둑 터지고
발이 퉁퉁 부어 신발을 꺾어 신게 되고

부른 배 때문에 이리 누워도 힘들고 저리 누워도 힘들어
잠을 이루기 힘든 와중에 간신히 잠이 드나 싶으면
방광을 훅 내지르는 아이의 발길질에
억지로 눈떠 일어나 화장실로 가야 했던 임신기는
참으로 눈물나게 힘겨웠다.

S라인을 잃고 퉁퉁 부은 코끼리가 된 임산부들은
부른 배를 안고 예나 다름없이 가사 노동에 매진하거나
출산 예정일 직전까지도 출퇴근에 야근을 하는
힘겨운 임신기를 거친다.

아름다운 D라인?
그건 데미 무어니까 가능했던 거다.

우리는 그냥 보통의 임산부다.
이제 곧 젖소가 될 운명에 처해진 코끼리 말이다.

여자 사람, 코끼리에서
젖소가 되다

우리 세 자매는 참으로 태평한 아이들이었다.
출산 예정일을 사흘이나 가뿐히 넘기고도
세상에 나올 생각을 하지 않은 녀석도 있었다.
나는 세 아이 모두를 유도 분만으로 낳았다.
셋째는 자궁 문이 꽤나 열렸음에도 진통이 없어
예정일보다 일주일 빠르게 유도 분만으로 낳았을 만큼
촉진제 약발을 기가 막히게 받는 체질 덕분에
나는 아이 셋 모두를 내 발로 직접 병원 문을 열고 들어가
무척 수월하게 낳았다.

첫째는 세 시간 진통,
심지어 둘째는 한 시간 반 진통 끝에 낳았으니
끽해야 힘 다섯 번 주고 낳은 게 최장 기록이랄까.

그렇게나 겁내고 무서워했던 출산 과정이
막상 내게는 너무도 쉬웠던 터라 이제 막 아이를 낳고
의사가 회음부를 꿰매고 있는 와중에 뱉은 말이
"이 정도면 다섯도 문제없겠는데?"였다.

임신 기간이 좀 고되긴 했어도 너무도 수월했던 분만 과정 덕분에
남편은 나를 출산맞춤형 인간이라 칭송했고
심지어는 4킬로그램 대의 아이를 자연분만으로 낳아
다른 애들 한 달 몫을 미리 뱃속에서 살게 한 셈이기도 했다.
유일하게 둘째만 3.6킬로그램으로 태어났는데,
이 3.6킬로그램도 신생아실에서 보면
결코 꿀리는 떡대가 아니다.
4킬로그램 대 아이는 병원에서 아이가 바뀌는 일일랑
걱정할 필요가 없고
잘하면 그해 그 병원의 최고 우량아 타이틀을 거머쥘 수도 있다.

이렇듯 단시간 진통에 떡대 좋은 우량아들을 쏨풍 낳았으니

"애 낳는 거 별거 아니네!"라며 건방이 하늘을 찌르던 나였다.
이제 애도 배 밖으로 나왔겠다, 이젠 자유다, 내 세상이다 했건만
미처 예상도 못 했던, 차마 상상도 못 했던
또 하나의 고비가 있었으니
이름하여 '수유기'!

애초부터 내가 자연분만과 모유 수유를 다짐했던 건 다만
그것이 아이들에게 좋기 때문만은 아니었다.
제왕절개를 하면 병원비가 비싸니까
싸게 낳으려면 자연분만을 해야 하고
분유 값 많이 나오니까 돈 안 드는 젖 먹여야 한다는
간단한 경제적 논리 때문이었다.
나의 모유 수유는 참으로 필사적이었다.
젖통만 컸지 생각보다 잘 나오지 않는 젖 때문에
수유에 좋다는 건 뭐든 다 먹어봤다.
돼지 족 곤 물이 젖을 잘 돌게 하는 데 좋다는 시어머니의 말씀에
냉면 사발로 하루 서너 번씩 그것을 들이켰다.
족발집 족발도 잘못 시키면
돼지 누린내가 나서 못 먹는데
돼지 생족을 삶은 물의 거북함은 그것의 한 30배쯤이랄까.
소금을 타도 후추를 뿌려도 그 무엇을 넣어도

돼지 족 삶은 물은 차마 사람이 먹을 게 아니었다.

목구멍까지 미역 줄기가 우욱 하고, 올라와도
소고기 넣은 미역국, 홍합 넣은 미역국, 그냥 끓인 미역국 등등
나의 삼시 세끼는 오직 미역국뿐이었으며
나의 간식은 오직 돼지 족 삶은 물뿐이었다.
모유 수유에 안 좋을까봐
좋아하던 치킨이며 피자며 다 끊었고
매운 거 먹으면 안 되고, 기름기 많은 거 먹으면 안 되고,
자극적인 인스턴트 먹으면 안 되고,
내게 허락된 먹거리는 오직
모유 수유에 좋다는 밍밍한 것들뿐이었다.
그러고는 종일 하는 일이 애 젖 물리고,
남은 젖 유축해서 버리고, 젖통 비었으니 또 채우기 위해
미역국 먹고 돼지 족 삶은 물 먹고……
이쯤 되면 거의 젖을 짜기 위해 사육당하는
젖소와 다를 바가 없었다.

아침에 자고 일어나면 티셔츠와 이불은
젖이 새어나와 흥건히 젖어 있었고
내 몸에서는 항상 수유패드에서 젖비린내가 났고

잠시 외출할 때에도 언제 어디서든 아이가 원하면
젖가슴을 열어젖힐 수 있는 수유티만을 입어야 했다.
옷마저도 나를 표현하고 예쁘게 꾸미는 수단이 되지 못하고
언제든 젖을 꺼낼 수 있는 기능성만이 중요했던 것이다.
행여 아이 살이 긁힐까 싶어 반지 하나 제대로 끼지 못하고
파마약이나 염색약 성분이 젖으로 흘러들어갈지 모른다는 속설에
미용실 한번 제대로 갈 수가 없었다.

처녀 시절 신고 한껏 뽐내며 걸었던 하이힐은
다른 세상의 이야기였고
세수도 못 해 기름 번지르르한 얼굴에는
비비크림도 먹어 들어가질 않았으며
떡진 머리카락은 그저 올백으로 묶어 넘기는 게
가장 인간다운 코디였다.

엄마가 되고 난 이후 깨달은 것이 있다면
엄마가 되기 위해서는 포기해야 하는 게 몇 가지 있다는 것이었다.
그중에서도 가장 먼저 '여자'이기를 포기하고,
그후에는 '사람'이기를 포기해야 엄마 노릇이 가능하다.
자리에 누워 빽빽 울어대며
한밤중이든 대낮이든 가리지 않고

수시로 엄마의 젖가슴을 찾는 녀석 때문에
인간에게 필요한 기본적인 수면 시간과 식사 패턴조차 잊은 채
좀비 모드로 24시간을 헤매던 엄마는
인간의 모든 기본적인 욕구를 누르고
모성애라는 책임감 하나로 버텼다.
언젠가는 아이가 엄마 젖 대신 이유식을 먹게 될 테고
저 스스로 숟가락을 들고 밥을 먹을 날이 분명 온다는 믿음 하나,
다만 그게 장기전이 될 거라는 짐작 하나만 가지고
매 순간 먹고 싸고 자고 우는 게 일인 녀석의 생활 패턴에
나를 맞춰 버티고 또 버텼다.

그리고 거짓말처럼 아이는 하루가 다르게 자랐고
어느 순간부터는 고개를 가누고, 뒤집고, 혼자 앉게 되었다.
아이가 자란다.
쑥쑥 자란다.
와, 나도 이제 살 만해지겠구나 했다.

그러나 그것은 다만 먹거리 공급원으로서
엄마 역할의 축소를 의미할 뿐,
진짜 싸움은 이제부터 시작이었다.
본격적인 체력 싸움이 시작되는 때 말이다.

아이가 움직이기 시작했다.

아이는 재우려고 낳았나

이제 갓 출산을 한 친구들이 말한다.
우리 아기가 이렇게 순할 수가 없다고.
그저 먹고 자기만 하고, 끽 울어봤자 애앵 한 번 하고 끝이라며
이토록 순한 아이가 자신에게 찾아왔다는 것에
행복 만개한 웃음을 지으며 순딩이 자식 자랑에 열심인 그들에게
애 좀 낳아 키워본 나는 가소롭다는 듯
시크하게 한마디를 던진다.
"훗, 한 달만 더 살아보고 다시 얘기해보시지?"

그리고 한 달 뒤에 그들은 말한다.
애가 잠을 자지 않아 죽겠다고. 밤낮이 바뀌어 힘들다고.
두세 시간 깜빡 자고 일어나
사이렌을 울려대는 아이의 울음 탓에
시커머죽죽, 다크서클 내려앉은 두 눈으로
나의 '한 달 예언'이 적중했음을 무릎을 치며 깨달았다고.
아, 애들은 원래 생후 한 달까지는 먹고 자느라 바빠
죄다 순덩이로 보이는 거구나,
녀석들이 본색을 드러내는 건 그 이후로구나, 하고.

불규칙한 아이의 수면 패턴으로 수면 부족에 시달리는 그들에게
나는 넌지시 '백일의 기적'이란 희망을 던진다.
아이가 백일쯤 되면 규칙적인 수면 패턴이 생기고,
그쯤 되면 엄마도 아이 자는 시간에 맞춰
무언가를 할 수 있게 될 거라고.
행운의 누군가는
아이가 깊게 밤잠을 자는 기적을 누리지만
불운한 누군가는
아이가 밤에 놀고, 밤새 칭얼거리다 한낮이 되어서야 잠드는
'백일의 반전'이라는 가혹한 운명에 놓이기도 한다.

속싸개에 둘둘 싸여 고작 입술이나 몇 번 삐죽이던
생후 1개월경에는 누구나 다 순딩이지만,
허공에다 발길질을 하는 백일 무렵이 되면
아이의 눈빛도 제법 또렷해지고
자신의 불편함을 호소하는 사이렌 소리를 뿜는데도
주저함이 없어진다.
아이가 자라면서 뒤집고, 배밀이를 하고 기어다니게 되면
활동량이 많아지면서 몸이 피로해져 잠이 늘 법도 하건만
어찌된 게 거꾸로 부득불 기어이 잠을 물리치려 잠투정을 해가며
어떻게든 깨어 있으려 애쓰니
재우려는 엄마와 안 자려는 아이의 싸움은
이 무렵부터 본격적으로 시작된다.

그쯤 되면 이런 생각이 든다.
'나는 아이를 재우기 위해 낳았나?'

젖 먹었으니 자라, 목욕했으니 자라,
이유식 먹었으니 자라, 어쨌든 자라고 빌며
아이가 잠든 후 나만의 시간을 갖기 위해 악착을 떤다.

그러나 막상 아이가 잠들면 또다른 혼란이 찾아온다.

아이가 언제 잠이 깰지 모르는 시한부의 시간,
나는 이 시간을 밀린 빨래를 하는 데 쓸 것인가,
젖병 소독하고 이유식 만드는 데 쓸 것인가,
아니면 아이와 함께 쪽잠이라도 자야 하나,
미뤄뒀던 드라마 다시보기를 해야 하나……
커피 한 잔 말아놓고서 이러지도 저러지도 못한 채
아이가 언제 깰까 전전긍긍하며
이 시간을 어찌 써야 할지 고민한다.

그렇게 조바심치며 아무것도 못 하고 있는 사이,
애애앵 아이가 잠에서 깨고 나면
그제야 빨래라도 할걸, 잠이라도 자둘걸 후회하게 되는
좌절의 연속.
엄마는 그토록 절실하게 자기만의 시간이 필요했다.

아이가 태어난 후 나는 정말 많은 것을 내려놓았다.
나를 예쁘게 꾸미는 화장이며
머리단장 같은 것에 쓸 시간도 없었고,
극장에 가서 영화를 볼 수도,
친구들이나 남편과의 오붓한 외식도 꿈꿀 수 없었고,
하물며 찬거리 장을 보러 나가는 것조차 혼자 할 수 없었다.

늘 아이와 함께해야 했기에 나들이는 엄두도 나지 않았고
마트에 갈 때도 늘 아이를 업고 갔고
장 본 것을 혼자 들고 올 수 없어
배달이 가능한 마트만 이용할 수 있었다.

겨우 갓난쟁이 하나 있을 뿐인데도
엄마의 하루는 잠깐 숨 돌릴 짬도 없이 정신없이 지나갔다.
엄마가 눈에 안 보이면 자지러지게 울어대는 녀석 탓에
똥도 내 맘대로 못 싸는 시간이 수두룩.
아이가 쌔근쌔근 잠이 들면 나는 그제야 한숨을 돌리며
핸드폰을 집었다.
그러고는 다섯 개의 하트를 가지고
애니팡 신기록 수립에 열을 올렸다.
하트 다섯 개를 다 쓰는 데 드는 시간은 대략 10분.
무아지경으로 만사를 잊고 애니팡을 즐기던 그 10분이
나에게는 얼마나 큰 위로와 힘이 되었는지 모른다.

엄마들에게 절대적으로 필요한 것은 어쩌면
가사를 도와줄 가사 도우미나
육아를 도와줄 육아 도우미가 아닐지도 모른다.
그런 호사는 차마 바라지도 않겠다.

엄마에게 간절한 세 가지는 잠, 제때의 식사,
그리고 단 얼마간의 자기 시간이다.
다만 자기 자신의 욕구에 온전하게 매진할 수 있는 시간,
한 시간, 두 시간이 아니라 다만 몇 분이라도
육아와 살림, 아이와 남편을 잊고 쉴 수만 있다면 얼마나 좋을까.
잠시 한 박자 쉬어 갈 수 있는
엄마만의 그 짧은 시간만 보장된대도
독박육아도, 독박가사도 나름 할 만한 것이 되련만
그것마저 쉽지 않은 육아는
1분 1초도 방심할 수 없는 날 선 상태로
엄마를 육아전쟁 한가운데에 떨어뜨려놓았다.

엄마는 사는 게 사는 게 아니다.
버티는 거다.
견디는 거다.
그렇게 살아남아야 하는 것이다.

육아, 환상으로 시작된 환장의 연속

엄마들이 육아에 대한 환상을 깨기까지는
그리 오랜 시간이 걸리지 않는다.
아기가 엄마 배를 발로 차며 꼬물대고,
응애응애 귀엽게 울어주고,
조그만 손과 발바닥의 인형 같은 작디작은 모습으로
엄마를 향해 방실방실 웃어주는
너무도 어여쁜 아기에 대한 환상 말이다.

내 발톱을 내가 못 깎을 만큼 배가 부풀고

잠자리에 누워 자세 잡기도 어려워지면
임신이란 이토록 힘든 것이구나를 깨닫고
그게 너무 힘들어서
제발 빨리 나와라 하고 빌었던 아기가 막상 태어나면
밤에 두세 시간 간격으로 깨어 엄마를 찾는 아이를
다시 뱃속에 넣고 싶어진다.

기저귀 값이며 분유 값이며
아이에게 들어가는 돈이 얼마인지도 모르겠고,
내 입에 밥숟가락 넣기도 힘들 만큼 체력이 방전되어 있는데
아이는 울어대고
어딜 가든 껌딱지마냥 달라붙는 애를 끌어안고 다녀야 하니
아이에 대한 환상은 진즉에 깨져버리고
애 키우는 일은 진짜 사람 할 짓이 아니다 싶게
환장할 노릇이었다.
그건 고작 생후 1~2년 남짓의 짧은 기간이더라.
하루가 1년 같은 신생아기도 환장하겠는데,
아이가 좀더 자라 걸음마 떼고
어린이집 다닐 정도만 되도 살 만해지겠거니 했건만
그때가 되니 또 그 나름으로 환장하겠더라.

어린이집 친구들이 자기를 싫어하는 것 같다고 우울해하고,
허구한 날 유치원 가기 싫다고 아침마다 전쟁을 치르고,
초등학교 가면 육아 끝이려나 싶었는데
숙제 챙겨주랴, 준비물 챙겨주랴, 시험공부 체크하랴,
학부모 됐다고 일이 배로 더 늘어난다.
중딩, 초딩, 유딩 3종 세트를 키우는 요즘은
사춘기라 감정 기복 심한 따님들을 상전으로 모시며
눈치 보며 사느라 속이 뒤집어지게 환장하겠다.
말귀 좀 알아들었으면,
간단한 의사소통이라도 했으면 하고 바라던 게 엊그제 같은데
막상 애가 다 커서 고급 한국어 구사가 가능해지니
꼬박꼬박 말대꾸하고 대드는 데에 또 환장하겠다.

그러니 육아는 환상으로 시작된 환장의 연속이다.
미운 네 살은 매년 존재한다.
두 살도 밉고 세 살도 밉고 열 살도 미울 때가 있다.
(나 또한 우리 엄마에게는 아직도 미운 서른일곱 살이다.)
매년 그렇게 미운 몇 살이었음에도
지금보다 아이들이 어렸을 적 사진을 보면
이때 참 예뻤지, 사랑스러웠지 한다.
언제는 미워 죽겠다고, 환장하겠다더니

시간이 지나 되돌아보면 그 순간이 그렇게나 이쁘더라.
엄마들은 기가 막힌 편집 능력을 가진 것 같다.
바로 망각의 능력 말이다.

아이가 나를 힘들게 하고 지치게 했던 순간보다
내게 기쁨을 주고 행복을 느끼게 해주었던 순간을
엄마는 더 크게 기억한다.
그래서 더러는 애 키우는 게 너무 힘들어서
둘째는 없다, 셋째는 없다 하면서도
금방 잊어버려 애가 하나둘씩 늘어나기도 한다.

환상으로 시작된 환장의 연속일지라도
그 안에는 분명 우리 아이들에게 선물받은
환희의 순간들이 있었기 때문일 것이다.
육아에 대한 환상이 자리잡기 전부터
아이로 인한 환희가 존재했기에
환장해 돌아버리겠는 상황도
환희로 극복했던 것일지 모른다.

사람들은 아이 키우는 일을 두고 육아전쟁이라 부른다.
하지만 엄마들은 안다.

아이가 없어지는 그 순간부터는
전쟁이 아닌 지옥이 된다는 것을.
차라리 육아전쟁을 치르는 것이 낫지,
아이가 없는 세상에 남겨진다는 것은
차마 상상조차 할 수 없다는 것을.

저마다 그려온 '환상의 육아'라는 그림이 있을 것이다.
그것은 숱하게 환장할 노릇을 겪으며 어느 정도 단련이 되고
여유가 생겨 웃어넘길 줄 알게 되어야만 이루어진다.

우리 아이들이 보여준 섬세하고 놀라운 변화들.
뒤집고, 기고, 서고, 걸음마를 떼고,
유치원에 가고 학교에 가고 졸업을 하고……
자식은 이미 태어난 순간부터
부모에게 효도를 다 한 거라는 말처럼
엄마 뱃속에서 무탈하게 세상에 나와준 것만으로도
부모에게 더없이 큰 선물을 준 것이나 다름없다.

아이 때문에 괴로워도
아이 덕분에 웃는다.

아이 때문에 힘들어도
아이 덕분에 힘이 난다.

육아가 힘들고 고될 때에 꼭 한번 떠올려보기를 바란다.
아이로 인해 내가 누리는
이 커다란 기쁨에 대해서 말이다.

아이 때문에 괴로워도
아이 덕분에 웃는다.

아이 때문에 힘들어도
아이 덕분에 힘이 난다.

엄마답다는 게 뭔데?

나는 아이를 잘 먹이고, 잘 입히고, 아이와 잘 놀아주는 엄마였다.
나는 음식을 잘하고, 청소를 잘하고, 살림도 잘하는 주부였다.
나는 20대의 꽃다운 청춘을 온통 육아와 살림에 쏟아부으며
그렇게 나의 완벽한 아이들, 완벽한 남편,
완벽한 가정에서 내 삶의 만족을 찾으려 애썼다.

그런데 완벽한 가정만으로는 만족하기에 부족했는지
나는 내가 아이들을 어떻게 키우는지,
오늘은 어떤 요리를 했는지, 엄마들의 인터넷 카페에

시시콜콜 이야기를 늘어놓곤 했다.
그러고는 "대단하세요" "멋지세요" "짱이에요" 하며
내가 듣고 싶은 대답, 원하는 대답을 적어주는 엄마들의 댓글에
적잖은 위안과 힘을 얻었다.
내가 엄마 노릇을 얼마나 잘해내고 있는지,
주부로서 얼마나 억척스럽게 잘 사는지
그 누구에게든 보여주고, 인정받고, 칭찬받고 싶었던 나였다.

돌이켜보면 내 삶은 그래서 만족스럽지 않았다.
엄마는 자신을 위해 사는 사람이 아니라
자신의 가족, 타인을 위해 사는 존재라고 생각했으니까.
더더군다나 내게는 엄마의 자격,
엄마의 기준이라는 것이 너무도 높았으니까.

우리 엄마가 나와 내 동생을 키우던 때만 해도
우리를 업고 메고, 한겨울에 펌프 물 길어
천기저귀 빨아가면서 그렇게 키웠는데.
밥통도, 세탁기도, 냉장고 같은 살림살이 없이도
방 아랫목에 밥공기를 넣어두고 따뜻하게 더운 밥 먹으며,
매일매일 시장에서 콩나물 값 깎아가며
찬장에 그날 먹을 반찬들을 만들어놓고서

우리 남매의 끼니를 챙기던 엄마였는데.

그런 엄마를 생각하면 일회용 기저귀에 물티슈 쓰면서
이유식 해 먹이는 걸 그렇게나 귀찮아하는 내가
죄스럽게 여겨지기도 했다.
내가 보고 자랐던 엄마의 모습이 그러했기에
내가 생각하는 엄마의 의무, 역할은
언제나 내 능력 이상의 것을 요구했다.
그래서 아이를 키우는 것이 마냥 즐겁고 행복하지는 않았다.
왠지 나는 남들보다 못한 엄마인 것 같고,
그래서 우리 아이가 다른 아이들처럼 누리지 못하는 것 같은
죄책감과 서글픔에 속상했던 적도 많았다.

그런데 생각해보면 난 이미 아이들에게 많은 것을 해주었다.
웃음이 넘치는 사이좋은 부모 밑에서
아이들은 얼굴 한번 찡그릴 일이 없었고,
편안한 집안에서 평온함을 누리며
정서적으로 안정된 환경에서 자랐다.
굳이 우리 엄마처럼 어려운 환경에서
아이들을 위해 모든 것을 희생하지 않아도
그저 평안한 가정을 꾸리는 살림꾼의 역할을 다하는 것만으로도

우리 아이들과 우리 가족 모두는 이미 충분히 행복한데
나는 엄마란 왠지 더 극한 상황에서
더 격렬하고 치열하게 살아가야 하는 사람이어야 하는 듯 여겼다.

가족 나들이를 갈 때에도 아이들은
예쁜 옷에 머리핀 하나까지 신경써 단장해주면서
엄마는 부스스한 머리 질끈 묶고 선크림도 바를 새 없이
민낯으로 돌아다니는 것이 당연하다고 여겼다.
내가 보고 싶은 드라마를 보는 대신
아이들에게 책을 한 권이라도 더 읽어주는 것이
엄마의 마땅한 도리라고 여겼다.
아직 어린 아가들을 어린이집에 다니게 하는 엄마들은
적게 희생하는 엄마 같아 마땅치 않았고,
배달 이유식을 시켜 먹이는 엄마는 자기 아이에게
그만큼의 정성도 쏟지 못하는 이기적인 엄마 같아 싫었다.
백화점 유모차에 아이를 태우고 가죽점퍼에 핫팬츠를 입고
킬힐을 신고 다니는 엄마도 영 엄마다워 보이지 않았다.

엄마는 그냥 아줌마여야 했다.
예쁘게 꾸미고 단장하느라 화장품 사고 옷 사고
손톱 단장하고 다니는 여자 말고

자아실현을 위해, 자신의 커리어를 위해
일하고 공부하는 사람 말고
반찬 값 흥정하고, 자기 옷 대신 아이들 옷 사주고
억척을 떨며 사는 아줌마 말이다.
어쩌면 그래서 나는 엄마로서의 삶 외에는
그다지 만족스럽지 못한 삶을 살았던 것 같다.
사고 싶은 뾰족구두 하나 못 사고,
반짝반짝 예쁘게 칠하는 네일 아트 한번 못하고.
까짓거 돈 얼마나 한다고, 그거 아껴서 식구들한테 쓴들
뭐 얼마나 티가 난다고 말이다.
도대체 엄마답다는 게 뭐라고 여겼길래 나는
나를 내려놓기만 했을까.

20대. 가족들을 위해 나를 희생한다고 생각하며 살았던
내 표정을 보며
우리 가족들은 편안했을까, 행복했을까.
30대. 집에 있더라도 새빨간 립스틱을 바르고
집 안을 활보하는 나를 보는 우리 가족들의 표정이
더 사랑스럽고 활기차 보이는 건 기분 탓일까.

가족을 위해 희생하며 기를 쓰고 악착같이 살아가는 것이

과연 엄마의 바람직한 모습이고 진정 엄마다운 것일까.
분 냄새를 풍기며 아기를 안고 있는 엄마는
엄마의 자격이 없는 것일까.
이제 막 첫아이를 키우기 시작한 엄마들에게 늘 말한다.
꾸미라고, 가꾸라고, 하고 싶은 걸 하라고.
그래야 내가 행복해지고,
행복한 내 얼굴을 보며 우리 가족도 행복해질 수 있다고.

무한 희생, 낮은 자존감으로는 결코 좋은 엄마가 될 수 없다.

엄마답기 위한 첫번째 조건은
행복한 내가 되는 것이다.

PART 02

엄마는 언제

불행해지는가

내가 엄마라서
미안해

3개월의 출산 휴가를 마친 한 워킹맘은
복직을 앞두고 걱정이 한가득이었다.
집에서 쉬는 동안은 아기에게 모유를 먹일 수 있었지만
직장에 다시 나가게 되면
아이에게 분유를 먹여야 했기 때문이다.
아기가 분유를 거부할까봐 걱정을 했는데,
다행히도 아이가 꼭지도 잘 빨고 분유도 잘 먹더란다.
그래서 한시름 놓으려던 차에 어느 날부터인가
아이가 자꾸 젖병을 뱉고,

그러면서도 배가 고파 계속 목이 찢어지게 울더란다.
분유를 잘 먹던 애가 갑자기 왜 이럴까 하는
엄마의 걱정과 염려는 어느 순간 짜증과 화로 변했다.
"배고프다고 울면서 대체 왜 안 먹는 거야!"
"먹기 싫음 먹지 마!" 하며
말귀도 알아듣지 못하는 아기에게 화풀이를 했다.

왜 아이가 갑자기 분유를 거부하는지 고민하던 엄마는
우연히 인터넷 카페에 올라온 글 하나를 보고
무언가를 깨달았다.
3개월 전까지만 해도 젖병도 잘 빨고 분유도 잘 먹던 아기가
6개월인 지금 갑자기 젖병을 내뱉고 먹기를 거부한 이유는
젖병의 젖꼭지가 3개월용이었기 때문이라는 것을 말이다.
아기가 크면 개월 수에 맞게
분유가 훨씬 많이, 잘 나오는 꼭지로 바꿔줘야 했는데
여전히 신생아용 작은 꼭지를 쓰다보니
구멍이 작은 꼭지를 빠는 게 힘들어
아이가 자꾸 젖병을 내뱉었던 것이다.
그래서 곧바로 젖꼭지를 6개월용으로 바꾸었더니
아이가 꿀꺽꿀꺽 젖꼭지를 엄청 잘 빨더란다.

그것도 모르고 그 어린 아기한테 화만 내고
짜증만 내면서 속앓이를 했던 것이
그 엄마는 그렇게나 미안할 수가 없더란다.
엄마가 몰라서, 엄마가 잘못해서 그런 것을
아이에게 원인을 돌리고, 아이 탓을 하고
아이가 유별나서 그렇다고 결론을 낸 것이
그렇게나 미안하고 창피할 수가 없었단다.

엄마는 아이에게 항상 미안하다.
몰라서 미안하고, 못해줘서 미안하고
그냥 모든 게 엄마 탓인 것만 같아 미안하다.

나 또한 항상 미안한 엄마였다.
첫째가 태어나던 그날부터 말이다.
그렇게나 기다리고 기대했던 사랑스러운 아가를 만난 날이
내 평생 가장 많이 운 날이 될 줄은 미처 몰랐다.
세 시간 진통 끝에 4.1킬로그램의 아이를 무척 수월하게 낳았으나
산모인 내게 문제가 생겼다.
자궁출혈이 멎지 않았던 것이다.
아이를 낳는 데는 세 시간이 채 안 걸렸는데
자궁출혈을 멎게 하는 데는 아홉 시간 이상이 걸렸다.

그동안 나는 계속되는 쇼크에
산소호흡기를 달고 수혈을 받으면서
최악의 경우 자궁을 들어내야 할 수도 있다는
무시무시한 협박을 들으며 출혈이 멎기만을,
그래서 빨리 우리 아기와 함께 병실로 올라가기를 바랐다.

그러던 중 소아과 의사가 들어와
아기에게 문제가 있는 것 같다는 이야기를 했다.
엄마 뱃속에서 먹었는지 천 기저귀를 다 적시도록
검은 피를 토해냈다는 것이다.
그 말에 나는 다시 쇼크가 와 호흡기를 달았고,
아기는 아빠 품에 안겨 구급차를 타고
대학병원의 신생아 중환자실로 옮겨갔다.

어찌어찌해서 자궁출혈이 멎고
안정적인 상태가 되어 병실로 옮겨진 나는
오직 한 가지 생각뿐이었다.
내가 뭘 잘못했지?
내가 병원에 오기 전에 어디 부딪혔었나?
아니면 먹어선 안 될 걸 먹었나?
임신 기간에 내가 뭔가를 잘못해서

우리 아기한테 문제가 생긴 건 아닐까? 하며
아기가 큰 병원으로 가게 된 건 나 때문이고,
내 잘못 때문이라는 생각만 계속했다.

그때 내가 있던 병실은 하필이면 2인실이었다.
커튼 하나를 사이에 두고 옆 침대에서는
옹알거리는 아기의 소리가 들리고
"아이고, 너로구나. 내가 네 할미다"
"어머나, 아기가 너무 예쁘다. 엄마 아빠 쏙 뺐네" 하며
축하 인사를 건네러 찾아오는 손님들의 발길이 끊이질 않았다.
그러나 나는 그 누구에게도 무사히 아기를 잘 낳았다는
문자 한 통 보낼 수 없었고
남편은 아기가 있는 대학병원에 가 있느라
나 홀로 병실 침대 위에 앉아 꺽꺽 눈물을 삼키며
나 때문에, 내가 잘못해서
저 옆 침대에 있는 사람들처럼 되지 못한 거라고
자책하고 또 자책했다.

그날 저녁, 대학병원에서 아기에 대한 진단이 나왔다.
지금 생각하면 참 웃픈 이야기지만,
아기들이 엄마 뱃속에서 먹은 걸 토해내는 건

있을 수 있는, 별문제가 되지 않는 일이란다.
다만 아기가 커서(4.1킬로그램이었다),
더 많이 먹었기 때문에,
더 많이 토했을 뿐이라는 말.
토하는 것은 아무 문제 없는 일이라고 했다.
오히려 아기가 토하다 기도가 막힐 수도 있어
산부인과에서 아기의 코에서 위까지 호스를 넣는 과정에서
호스가 아기 위 벽을 긁어놓아
그걸 치료하기 위해 입원을 해야 한다고 했다.
지금 같았으면 의료사고라고 산부인과에 온갖 행패를 부렸겠지만,
그때는 아무 일도 아니었고, 치료하면 금방 괜찮아진다는 말에
그저 감사하고 다행스러워 또 울기만 했었다.

산부인과에서 퇴원하고 집에 돌아온 나는
더이상 자책하거나 미안해하지 않기로 했다.
아기가 입원한 것은 내 의지로 어찌할 수 없는
불가항력적인 사고였을 뿐, 내 탓이 아니었다.
나 때문이라고 한탄하고 후회하며 미안해 우는 대신
지금 내가 아기를 위해 할 수 있는 최선을 다하기로 했다.
비록 아기는 곁에 없지만 젖을 유축해서
남편을 통해 아기가 있는 병원으로 보내

그래도 초유를 먹였다.
그 상황에서도 모유를 먹일 수 있다는 것에 감사하며
미역국 열심히 먹고 손목이 나가도록 열심히 젖을 짰다.

2주 후 아기를 다시 만났을 때.
태어나자마자 인큐베이터에 들어가
엄마 아빠 품에 안겨보지도 못했던 아기에게
또 한 번 미안한 생각이 들었지만
그런 생각은 금세 떨쳐버리고 2주간 안아주지 못한 만큼
더 격하게 안아주고, 더 세심하게 아기를 돌봤다.

아이에게 일어난 일에 대해
내가 뭘 잘못했지? 하며 스스로에게서 원인을 찾느라
시간을 허비하고 감정을 소모하는 대신
엄마로서 지금 할 수 있는 최선을 다하고
감정에 휘둘리지 않고 상황을 직면하는 것이
아기와 나, 우리 가족 모두를 지키는 힘이 되었더랬다.

그래도 여전히 아이들을 생각하면
더 잘해주지 못해서, 더 안아주지 못해서,
더 신경써주지 못해서 미안한 엄마이지만

미안한 마음 대신
평안한 마음으로 아이를 보듬는다.
죄책감을 떨쳐버린 잔잔하고 평온한 마음이
우리 아이를 더 따뜻하게 감싼다.

이제는 안다.
엄마 탓이 아니라는 것을.

아이에게 일어나는 모든 일들이
전부 엄마의 탓은 아니다.
죄책감을 끌어안은 채로는
아이를 끌어안을 수 없다.

더이상 미안해하지 말자.
엄마는 늘 최선을 다하고 있으니까.

엄마가 가장 힘든 순간

세 아이를 키우면서
가장 힘든 순간이 언제였느냐고 누가 물어보면
처음 유치원에 보냈을 때, 학교에 들어갔을 때,
아이 고집을 꺾기 쉽지 않아 기싸움을 벌였던 때,
잘 안 먹고, 잘 자지 않던 수많은 상황들을 떠올릴 수 있겠지만,
내가 엄마로서 가장 힘들었던 순간은 의외로
'아이가 감기에 걸려 가래가 끓고
기침 때문에 잠 못 이룬 밤'이었다.

코가 막히고 자꾸 기침이 나 잠들지 못하고
괴로운 울음을 토해내는 아이를 보는 것은
지금도 무척 견디기 힘들고 어려운 일이다.
자꾸만 잠이 깨어 콜록거리고 우는 아이를 돌보며
아이가 안쓰러워 밤을 꼬박 지새운
그 순간이 지금도 가장 힘들었다고 느껴지는 일이다.

저놈의 코를 뚫어뻥으로 어찌할 수도 없고,
한참을 안아서 달래주고 눕히면
다시 코가 막히고 숨쉬기 어려워
또다시 깨어서 애앵 울어버리는 아이와 함께
그 밤을 견딘 일은 지금도 너무 고통스럽고 힘들다.
아이도 아파서 잠을 설친 것을 알아도
그래서 아이가 아픈 게 안타깝고 걱정스러웠지만
나도 잠을 못 자서
고통스럽고 짜증스러울 때가 있다.

엄마가 힘든 순간은
어느 특정한 시기의 특별한 사건이 아니라
별일 아닌 듯 보이는 아이의 코감기 하나만으로도 시작된다.

어쩌면 하루의 일상 중 대부분의 시간,
아이를 먹이고 입히고 함께 생활하는 그 순간순간이
모두 다 힘든 엄마도 있을 것이다.

엄마의 체력으로 해결될 일이라면
그나마 오기로라도 버텨내고 헤쳐가지만,
엄마의 정신력과 감정과 관련된 어려움이라면
쉽게 해결되지 않는다.

정신적, 감정적으로 엄마가 가장 힘든 때는
엄마 뜻대로 되지 않을 때다.

코가 막혀 제대로 숨을 쉬지 못해
자꾸 잠을 깨는 감기 걸린 아이를
엄마 뜻대로 어찌할 수 없는 것처럼,
엄마의 생각처럼 아이가 따라주지 않을 때,
엄마의 바람처럼 상황이 풀리지 않을 때
엄마는 힘들다.

아이가 밥을 잘 먹지 않아 힘들 때가 있었다.
밥을 입에 넣고 침이 한가득 고이도록 씹지도 않고

밥을 문 채로 한참을 버티던 그때.
달래보고, 혼내보고, 애원도 해보면서
어떻게든 밥을 씹어 넘기게 하려 온갖 애를 썼지만
거의 한 시간 가까운 씨름 끝에 아이가 밥을 뱉어내는 것으로
끝이 나고 만 때가 있었다.

아이가 어느 정도 자란 후에도
어질러놓은 장난감을 치우라는데도 말을 듣지 않아서,
양치질하라는데도 하지 않아서,
낙서하지 말라는데도 계속 낙서를 해대서
짜증이 나고 화가 나던 때가 있었다.

안고 다니기 너무 힘들어서 빨리 좀 걸어라 빌었는데
막상 아이가 걷고 뛰기 시작하니 통제가 되지 않아 힘들었다.
아이가 말귀를 알아듣고 대화할 수 있는 때가 오기를 빌었는데
막상 아이가 말대꾸를 하고,
말뜻을 알아들었는데도 하지 않는 것에 화가 났다.
자기 일을 스스로 할 때가 오기를 그렇게나 바랐건만,
자기 일에만 빠져 나와 상대해주지 않는 것이 서운했다.

힘들다고 생각하면 엄마로 사는 매 순간이 힘들다.

엄마는 어느 순간 아이들에게서
신기함을 느끼고 감탄하는 법을 잊는다.
아기가 옹알이만 해도 신기하고 놀라워 녹음기를 찾고,
아기가 흔들흔들 떼는 걸음이 너무도 감탄스러워
동영상을 찍어가며 좋아서 팔짝 뛰던 그때를 잊는다.
아기가 자라고 할 줄 아는 것이 늘어나면
엄마는 아이가 잘하지 못하는 것,
다른 아이만큼 못하는 것을 한탄한다.
아이를 자유롭게 풀어주지 못하고
엄마가 정해놓은 가이드라인 밖으로는
나가지 못하도록 통제하면서
감탄하는 대신 한탄을 하고,
감동하는 대신 감독을 하게 되었다.

그 언젠가, 1에서 10까지 세는 아이를 보며 우리는 감탄했었다.
지금은 100점이 아닌 70점을 받아온 아이를 보며 한탄한다.
짝짝꿍을 하고, 걸음마를 떼는 아이를 보며 우리는 감동했었다.
여기저기 뛰어다니면 안 된다고, 얌전히 있으라고
감독하는 오늘과는 달랐다.

생각해본다.

나는 아이를 바라보며

감탄하고 감동하는 엄마인가, 아니면

한탄하고 감독하는 엄마인가.

엄마가 힘든 순간은 아이들의 변화와 성장에 대해

어떤 마음가짐을 가지느냐에 따라 분명히 다르게 온다.

또래보다 발달과 성장이 빠른 다른 집 아이들에 견주어

그에 못 미치는 우리 아이의 상태를 한탄하며

엄마의 뜻에 어긋나지 않도록 감독한다면 배로 힘들다.

여유롭고 평온한 마음가짐으로

열 가지 중 단 하나일지라도 아이 스스로 해내고야 마는 것에

감동하고 감탄하는 엄마는 육아가 재미있고 보람되기까지 하다.

한탄하고 감독하지 말고

감탄하고 감동하자.

엄마가 감탄할수록 아이도 힘을 얻고

엄마가 감동할수록 아이도 행복하다.

내 아이가 특별하기를 바라는 마음

엄마표 학습에 있어서 나와 견줄 수 있는 엄마는 몇 없을 것이다.
아이가 유치원에 들어간 때부터 나는
단순히 먹이고 입히고 재우는 것만이
엄마의 역할이라고 생각하지 않았다.

너무 과하지 않게
다른 아이들보다는 좀더 빨리, 좀더 우위에 서서
상위 1퍼센트를 향해 달려갈 수 있도록
치밀하게 학습 계획을 짰다.

사교육의 힘을 빌리지 않고도 오직 엄마표 학습으로
내 아이를 훌륭하게 길러냈다는 것을 보여주는 게
엄마의 또다른 의무라고 생각했다.

시중에 유명한 OO교육법,
OO 엄마표 교육법이 소개된 책을 사서
나만의 코칭 노트를 만들어
우리 아이에게 맞는 커리큘럼을 짜기도 했고,
원론적으로도 뿌리를 단단히 다지기 위해
사범대생들이 보는 교육학 개론, 교수법과 같은
전공 서적을 보며 우리 아이에게 무엇을 가르칠지 고민했다.

그해의 수능 문제지가 인터넷에 뜨면 프린트해서
내가 먼저 풀어보며
몇 년 후 우리 아이가 대입 수능을 볼 때를
미리 대비하기도 했고,
이제 초등학교 1학년인 아이를 두고
내가 직접 중학교 문제집을 풀어보며
지금 배우는 것과 이다음에 배우게 될 것이
어떻게 연계되는지를 어미새가 꼭꼭 씹어 아기새에게 먹이듯
아이에게 설명하곤 했다.

엄마 매니저의 계획 아래 첫째는
만 두 돌 이후부터 엄청나게 공부를 했다.
한글 공부는 물론, 이미 초등학교 입학 전에
꽤 높은 한자 급수도 따놓았고,
수능 뺨치게 어렵다는 모 대학의
수학 경시대회를 목표로 공부하게 했고
영어도 토익을 넘어 테솔까지 염두에 두었다.
놀랍게도 첫째는 엄마의 이런 무리한 스케줄을
무난하게 따라왔다.
어린 나이에 OMR 카드 쓰는 법을 따로 연습하면서
각종 경시대회 등에 나가 상까지 받으며
엄마표 학습의 효과를 보여주는 듯했다.
첫째가 초등학교 3학년이 되었을 때에는
한 학기에 푼 수학 문제집만 스물일곱 권에 달했다.
기초 연산, 교과 수학, 서술형 수학, 창의력 수학,
논리력 수학, 경시대회 수학 등
넓고 깊게 가르친다는 엄마의 합리화 아래
아이는 하루 네 시간씩 공부를 했다.

학원을 다니지 않고 학습지 한번 받아보지도 않고
오직 엄마표로만 아이 공부의 끝장을 보려던 내게

브레이크를 걸었던 건 다름아닌 우리 둘째였다.
제 언니와 똑같은 방식으로 가르쳤으나
둘째는 영 성과를 보이지 못했다.
엄마와 함께 공부를 하고는 있으나,
제 머릿 속에 집어넣는 공부를 하는 것이 아니라
엄마와 마주앉아 함께하는 그 시간이 좋았던 것일 뿐.
둘째는 공부에 큰 흥미가 없었다.
초등학교 1학년이 되면 받아쓰기 시험을 보는데,
시험 전날 미리 출제 문항 열 개를 프린트해서 주었다.
집에서 서너 번만 연습해보고 가면 웬만하면 100점이건만,
녀석은 받아쓰기 50점을 받아 돌아와서는
"괜찮아요. 30점 맞은 애도 있는데요, 뭘" 하고
도리어 의기양양했다.
100점을 받지 않으면 자신의 실수 때문에 틀렸는지,
몰라서 틀렸는지 고민하며 아쉬워하는 첫째와는
전혀 다른 모습에 나는 할 말을 잊었다.

둘째를 보며 나는 첫째를 다시 바라보았다.
지금 저 나이에 해야 할 것이 정말 문제집을 풀고,
정답을 찾는 공부를 하는 것일까 하고.
학교에서 돌아오면 가방만 휙 팽개쳐놓고

곧바로 놀러 뛰어나가는 둘째를 보면서
책상 앞에 앉아 있는 첫째의 모습이
과연 바람직한가 생각했다.
마치 밑 빠진 독에 물 붓기를 하듯,
하루도 빠짐없이 공부를 시키며
엄마표로 보란 듯이 성공시켜 보이겠노라는 내 다짐이
서서히 무너져갔다.
이 시기에 아이는
정답을 찾는 공부로 우수한 성적을 내는 것이 아니라
자기 자신에게만 주어진 능력,
특장점을 찾아내는 공부를 하는 것이 더 중요하다.
그리고 자기만의 시간을 충분히 갖고,
그 시간을 온전히 자기 것으로 쓸 때
아이의 특장점들이 나타나기 시작할 거란 생각이 들었다.

첫째가 4학년에 올라가면서부터 나는 아이들 공부에서 손을 뗐다.
그리고는 그저 필요한 문제집이 있다 하면 사주고,
학교 과제를 할 수 있게
파워포인트의 기초를 가르쳐주는 정도만 했다.
첫째는 몇 날 며칠 컴퓨터 앞에 앉아
계속 마우스를 만지작거리더니만,

엄마가 가르쳐주지 않은 파워포인트 기능까지 찾아내
화려한 PT 자료를 만들어 과제 발표 대회에서 상을 받아왔다.
우리 고장의 명소를 찾아 발표하는 과제였다.
방과 후 학원 스케줄에 쫓겨
엄마가 대신 숙제를 해준 아이들과 달리
직접 버스를 타고, 카메라를 들고
왕릉과 박물관을 발로 찾아다니며
제 스스로 일군 성과였다.

그렇게 한동안 역사 과제에 푹 빠졌던 첫째는
저 스스로 한국사 검정 시험을 준비했다.
역사 공부가 너무 재미있다는 게 시험을 보려는 이유란다.
그러고는 파워포인트 자격증 시험까지 봤다.
과제를 하면서 익힌 파워포인트가
재미있었기 때문이란 게 이유였다.
시험이라면 진저리 칠 아이들이
스스로 시험을 보겠다고 나선 희한한 사건은
아이가 직접 역사 탐방을 다니며 관심을 가진 덕분이었다.
엄마가 등 떠밀어서, 급수 자격증 따놓으면 좋다고 해서,
이런 이유들은 동기가 되지 못했다.
첫째가 중학교 1학년이 된 지금,

3학년 때 풀었던 그 스물일곱 권의 수학 문제집을 내민다면
아마 하루 한나절이면 다 풀고 말 것이다.
적당한 때가 되었을 때,
몸도 마음도 지식도 자랐을 때
한나절이면 다 풀고 말 문제집을
한 학년 한 학기에 걸쳐 매일매일 네 시간씩 붙들게 했던 그 일이
참으로 뼈저리게 후회스럽다.

아이의 배움을 단순히 학교 공부, 입시 공부,
안정되고 편안한 직업을 갖기 위한
암기 지식의 나열에 머물게 한 건 순전히 나의 시행착오였다.
그렇게 무리한 스케줄로 공부를 시키면서
다른 아이들보다 우위에 있는 내 아이를 확인하고 싶었던 건
내 아이가 천재이길, 혹은 영재이기를 바란 마음이었을까.
우리 아이가 보통 아이가 아니라
특별한 아이이길 바란 욕심 때문이었을까.
아이를 훌륭하게 키워내고 싶었던 건,
똑똑하고 우수한 성적을 내는 아이로 만들고 싶었던 건
정말 우리 아이를 위한 마음이기만 했을까.
"얘가 내 딸이에요. 내가 이 아이를 이토록 훌륭하게 키웠죠"라고
내 자식의 성공을 내 능력의 증거로 내보이며

대단한 엄마라고 박수 받고 싶었던 마음이
더 컸기 때문은 아니었을까.

매니저 엄마를 자처하며, 엄마의 코치 아래
하루종일 공부하는 아이를 만들었던 그 순간의 나는 어쩌면
아이를 위해서 똑똑한 엄마가 되고 싶었던 것인지 모른다.
아이를 앞세워 나를 내보이고 싶었는지도 모른다.
아이를 훌륭하게 길러냈다고 박수 받고 싶었는지도 모른다.
어쩌면 아이의 성적과 성공이 엄마의 능력을 증명한다고
믿었는지도 모른다.

그러나 아이가 배워야 할 것은
책과 문제집 속에 있는 지식이 아니다.
아이에게는 자신 안에 있는 것을 끄집어내는
경험과 기회 자체가 공부다.

어쩌면 아이에게 무언가를 시키는 것보다
아이가 그냥 자라게 두고 보는 것이
훨씬 더 나은 부모의 모습이지 않을까.

엄마는 학교가 무섭다

중딩, 초딩, 유딩을 세트로 고루 갖춘 우리 집의 3월은
그야말로 '멘붕'이다.
중1 첫째의 초등학교 졸업을 시작으로
교복 맞추랴, 가방과 신발 새로 사주랴
막대한 자금이 투입됐고,
새학기를 맞은 초4 둘째를 비롯해
유치원 7세반에 들어간 막둥이까지
아이 셋이 3월 초에 토해내는 가정통신문만 백과사전 두께다.
이거저거 준비해 오라는 안내문에, 방과후 수업 안내문,

무슨무슨 서류에 사인해서 보내고, 가정환경 조사서 써 보내고
우유 급식을 할지 말지, 스쿨 뱅킹은 어떻게 할지,
심지어는 예방접종 확인 서류까지 떼 보내야 하는(초등학교 입학 시)
그야말로 서류와의 전쟁 시기다.
3월에는 첫째와 셋째의 생일도 있고,
학부모 총회와 학부모 상담 기간도 있어서
새학기가 되면 이래저래 정신없이 휘둘린다.

그래도 첫째가 초등학교에 입학하던 때에 비하면
지금 아이고 죽겠다 하는 건 엄살이다.
처음으로 아이가 학교에 가게 되었을 때,
나는 이런저런 걱정과 염려로 미리 앞서
많은 것들을 계획하고 실행했다.
아이가 왕따를 당하면 어쩌나, 시험을 못 보면 어쩌나,
학교 가다가 교통사고라도 나면 어쩌나 하며
모든 부정적인 경우에 대비를 한답시고
매일같이 잔소리에 가까운 예방 교육은 물론
학교 공부에 대해 미리 겁을 먹고 선행학습을 시켰다.

그러나 학교란 불완전한 아이들이
보다 완전해지기 위해 다니는 곳이다.

아이들은 학교에서 정답을 찾는 방법뿐만이 아니라
사람을 상대하는 법, 함께 어울리는 법,
모두가 함께 살아가기 위해 필요한 여러 방법을 배운다.
학교에서 배워야 할 것을 미리 가르쳐 학교에 보내는 것은
뷔페에 가기 전에 미리 든든히 밥을 먹어서
뷔페의 다양한 메뉴를 제대로 즐기지 못하는 것처럼
학교에 흥미를 떨어뜨리는 일인 것만 같았다.

특히, 내 아이가 우위에 서기를 바라는 마음으로
경시대회까지 끌고 다니면서 그 또래 아이들보다
뛰어난 학습 능력을 보이게끔 하고 싶었던 엄마의 마음은
친구들을 배려하는 아이가 아니라
친구들을 베야 이기는 경쟁에 나선 아이로 만드는 것 같았다.

아이들의 장래, 수능, 대학 입시까지 놓고 생각하자니
나는 학교가 한없이 무서웠다.
성적순으로 급식 순서까지 정해진다는
어느 초등학교 뉴스를 보면서,
특목고 진학을 위해 새벽잠을 잔다는 아이들의 이야기를 들으면
학교는 치열한 경쟁이 벌어지는 전장인 것만 같았다.
그러나 불완전한 사람을 완전한 사람에 가까워지게끔 하는

교육의 장으로 학교를 생각했을 때,
학교는 참으로 재미있고 신나는 곳일 거라는 생각이 들었다.
첫째는 방과 후 학원을 다니는 대신
사물놀이 동아리 활동을 했다.
그리고 전국 각지로 대회에 나가면서
팀원들과 함께 호흡을 맞추어
성과를 내보이는 협동에 대해 배웠고, 또 그것을 즐겼다.
둘째와 셋째도 정답을 골라내는 문제집을 푸는 대신
방과 후 친구들과 어울려 떡볶이 집에 가고,
놀이터에서 신나게 놀았다. 그 모습을 보면서
학교는 친구를 사귀는 곳, 집에서 못 하는
더 크고 넓은 활동을 할 수 있는 곳이란 생각이 들었다.

뉴스를 보며 대강 짐작했던 왕따와 학교폭력,
경쟁이 난무하는 학교의 모습은 없었다.
나와 다른 상대방을 배려하는 법을 배우고
존중하고 인정하는 법을 배우면서
더 많은 사람들과 함께하는
사회로 나가기 위한 것들을 배우는 곳,
그 안에서 자신의 위치를 잡아가는 능력을
습득할 수 있는 곳이

바로 학교였다.

받아쓰기 100점, 단원평가 올백을 위해 굳이 애쓰지 말자.
'학교=성적=성공의 열쇠'라는 공식은 애당초 존재하지 않는다.
집에서, 혹은 어린이집, 유치원에서 생활하던 우리 아이가
나간 좀더 크고 넓은 세상이 학교다.

십수년간 세 아이를 키우면서 얻은
엄마표 교육, 엄마표 놀이, 엄마표 교구,
엄마표 먹거리 등에 대한 경험과 팁을 제공한
내 블로그는 꽤 볼거리 많은,
아기 엄마들이 제법 많이 찾는 곳이기도 했다.

몇 개월에는 무슨 책을 보여줘야 하나요,
지금 몇 살인데 이럴 땐 어떻게 대처할까요,
우리 아이, 어떻게 하면 좋을까요 하고
물어오는 분들도 상당히 많았다.
엄마표에 미쳐 있던 나는
불타는 키보드질로 그분들께
참 정열적으로 나는 이렇게 했구요,
그랬더니 애가 이렇게 나오더라구요 하며

나름 팁이랍시고, 정보랍시고
'아이 키우는 방법'에 대해 참 많은 설명을 했었다.

이제는 단 하나의 대답만 할 것 같다.

"그냥 두세요. 그냥 두고 보세요."
"그 개월 수에 그거 못한다고 해서 큰일나지 않아요."
"더 빛나게 해주지 못한다고 해서
잘못되는 일 없어요."

나는 우리 아이들이 가진,
그리고 미처 발견되지 않은
무궁무진한 재능들과
아이들의 호기심, 열정을 믿는다.
아이를 무엇무엇으로 키워내려 하기 전에,
아이가 스스로 무엇으로든 자라날 기회를 주는 것이 중요하다.

나는 이제 아이를 키우지 않겠다.
그저 아이가 자라도록 돕겠다.

엄마가 걱정과 염려를 내려놓는 만큼

학교로 향하는 우리 아이들의 발걸음이
한결 가벼울 수 있을 것이다.

아이를 죽이는 것은 의외로 쉽다

나는 행복한 아이였나,
충분히 사랑받고 자란 아이였나 생각해본다.
슬프게도 그렇지 못했던 것 같다.
분명 나의 부모님은 나의 생각 이상으로
나를 사랑하셨을 것이고
그렇기에 그 어떤 것도 감내하고 견디며
나를 지키고자 애쓰셨을 테지만
나는 늘 사랑이 고팠고,
내가 원하는 만큼 충분히 사랑을 느끼지 못했다.

부모님과 나 사이를 망쳐버린 가장 큰 원인은
체벌과 훈육 방식에 있었다.

체벌과 훈육이 잘못된 방식으로 행해졌을지라도
부모님이 나를 사랑하기 때문에, 나를 위해 그러시는 거라고
이해할 수도 있었겠지만
나의 경우는 그런 이해조차 불가능했을 만큼
부모님은 나에 대한 사랑을 충분히 표현하지 못했다.
그래서인지 잘못된 체벌과 훈육의 부작용은 생각 이상으로 컸다.

보통의 아이들은 상장을 참 자랑스러워한다.
부모는 아이가 상장을 받아오면 코팅을 하거나
액자에 넣어 소중하게 보관한다.
누구나 볼 수 있게 집 안 어딘가에 자랑스레 걸어두기도 한다.
우리 집도 그랬다.
초등학교 때 내가 받은 상장들은
두꺼운 앨범 하나와 맞먹는 두께였고,
글쓰기 대회 상, 그림 그리기 대회 상, 우등상, 개근상 등
교내외 대회에서 참 많은 상을 받았더랬다.
그중 아주 굵직한 것들만 세어도
단칸방 벽 삼면을 장식할 정도로 많았지만

나는 그 상장들이 참으로 무서웠다.

내가 산수 문제를 풀지 못하면, 내가 뭔가 마땅찮은 행동을 하면
그 벌로 나는 방 한가운데 서서 벽에 붙은 상장들을
하나씩 하나씩, 백 번을 읽어야 했기 때문이다.
아버지는 그렇게 나를 벌주었다.
"이게 너다. 이 상장들이 너다. 그런데 지금 넌 이 상장과 다르다."
너무도 자랑스럽고 뿌듯해야 할 상장들이
내게는 고통스러운 시간만 늘려주는 고문도구에 불과했다.
공부하는 모양새가 마땅치 않다고, 이래서 우등상 받겠냐고
속옷 차림으로 문밖으로 쫓겨났던 적도 있다.

어린 나는 분명 부모님의 마음에 들지 않게 행동한 적이 많았다.
유치원에 다녀와 식구들과 마주한 밥상 앞에서
그날 있었던 일을 조잘거리다가 눈에 불이 번쩍,
밥 먹는데 시끄럽게 지껄인다고 아버지에게
오지게 따귀 한 방을 맞고
그 자리에서 밥상이 들어 엎어진 일도 있었다.
친구들과 노느라 늦게 들어와 거짓말을 한 날은
빗자루가 부러질 때까지 맞았다.
엄마 지갑에 손을 댔던 날은 죽기 직전까지 맞았다.

초등학교 때까지는 주로 그렇게 맞았다.
중고등학교 때는 온갖 비난과 무시와 경멸과
나를 탓하고 나를 내리깎는 말들로 야단(?)을 맞았다.
어느 순간 내 마음속에서는 두려움과 죄책감보다
불길 같은 화가 치밀었다.
혹여나 또 맞을까봐 두려운 마음에
차마 반항은 못해도 마음속엔 늘 화가 가득차 있었다.

어느 날 한 식당에서
대여섯 살 먹은 남자아이의 머리를 주먹으로 내리치며
야단치는 엄마를 보았다.
할머니, 할아버지까지 대략 열 명도 넘게 모여
함께 식사하는 자리에서 엄마에게 야단을 맞고
할머니에게 안겨 엉엉 우는 아이에게
화가 머리끝까지 치민 듯 보이는 엄마는
식당의 다른 손님들이 다 듣도록 소리를 지르고 있었다.
저 새끼, 쇼하는 거라고.
저 새끼가 약아빠져서 안 혼나려고 불쌍한 척
머리 쓰고 있는 거라고.
저 새끼 저러는 거, 내가 한두 번 당했는 줄 아냐고.
이젠 안 속는다고.

나도 모르게 뒤돌아보았을 만큼 컸던, 때리는 소리보다
그 엄마의 입에서 나오는 그 말들이 나는 더 무서웠다.

아이를 죽이는 것은 의외로 쉽다.
잘못된 체벌과 훈육(이라 여기는 분풀이),
그것으로 아이의 평생을 죽일 수도 있다.
아이를 때리는 것을 체벌이라 하고 사랑의 매라 하지만
난 사랑의 매라는 말을 제일 싫어한다.
그건 모순이고 자기 합리화고 변명일 뿐이다.

사랑하면, 때리지 않는다.
사랑하면, 그보다 몇 배 더한 고통을 참으며
그보다 더한 인내로 마음을 쏟고 공을 들인다.

빠르게, 즉각적으로
효과를 보이기에(보이는 듯 하기에),
아이를 위하고 아이를 바르게 가르치기 위한다는 명목으로
아이를 때리는 것이다.
매 맞는 아이들은 뭘 잘못해서 맞는지 생각하기보다
매를 맞는 것에 대한 두려움이 앞선다.
제대로 된 반성을 하기도 전에

어떻게든 화난 부모의 마음을 누그러뜨리기 위해
잘못했어요, 다신 안 그럴게요 하고 빌며
매를 피해 갈 궁리만 하는 아이들을 보는 건 마음 아픈 일이다.

아이를 죽이는 것은 참으로 쉽다.
아무렇지 않게 행하는 무시, 비난, 겁박 들이
아이의 영혼을 서서히 갉아먹는다.
시나브로 폭력에 길들여지게 하고 불합리한 것을 감당하게 하며
자기 감정을 억누르게만 하고
그저 그 불편한 순간을 견디게 하는 것에만 애쓰다보면
아이는 금세 망가진다.
부모와의 관계는 더 말할 것도 없다.

부모에게 사랑받는 아이가 아니라,
부모에게 혼나지 않으려 애쓰는 아이가 될 테니 말이다.

아이에게 정말로 '반성'을 원한다면
아이보다 몇 배는 더 우위에 있는 어른으로서,
강자의 입장으로서 내려다보며 말할 것이 아니라
아이에게 눈높이를 맞추고
원인 결과를 함께 이야기하고 돌아보아야 한다.

아이를 탓하고 아이의 책임으로 돌리는 것을
당연하게 여기지 말자.

자식을 하찮고 쓸모없는 인간으로 만드는 건,
야단친답시고 내뱉는 부모의 무시무시한 말들이다.

"네가 그렇지 뭐."
"넌 어쩌려구 그러니?"
"넌 진짜 답이 없다."

그런 부모의 말과 행동이 아이를 죽인다.

누구도 버럭버럭 아줌마를 꿈꾸지 않는다

어느 날 남편이 프랑스어인지, 아랍어인지 모를 말로
내게 불같이 화를 낸다고 가정해보자.
그 말의 뜻도 모르겠고,
남편이 왜 저토록 화가 났는지 알 길이 없고,
그저 다만 내 눈에 들어오는 것은 성난 남편의 무서운 얼굴이고,
남편이 귀가 찢어지도록 고함을 질러댄다면.
그때 나는 어떤 기분일까.

아직 의사소통이 어려운 영유아기의 아이들이 혼날 때,

아이들의 심정이 아마도 그렇지 않을까 생각했다.

내 분에 못 이겨 한바탕 머리 풀고 굿 한판 하고 나서
그날 밤 잠든 아이 얼굴을 보며
그렇게까지 화낼 일이 아니었는데 내가 왜 그랬을까
한없이 미안해지고
다음엔 그러지 말아야지 하면서도 끝끝내 반복되는 이 악순환.

누구도 이런 버럭버럭 아줌마가 되길 꿈꾸진 않을 것이다.
늘 다정다감하게, 합리적이고 침착하게 아이들을 대하겠노라,
하나의 인격체로 아이를 존중하고 배려하며
맞춰가겠노라 결심했대도
하지 마라, 안 된다, 제발 엄마 말 좀 들어라 하는데도
무시로 일관하고
떼쓰기로 버티는 녀석들을 대할 때마다
속에서 들끓는 열불을 어디다 내뿜어야 할지 모르겠다.

마트에서 흔히 겪는 상황 하나를 예로 들어보자.
장난감 코너에서 이거 사달라, 저거 사달라 떼쓰는
아이와 엄마의 기 싸움.
"안 돼, 못 사줘, 아 글쎄 안 된다니까!" 해도 말을 듣지 않아

기어이 "아 몰라. 엄마 갈 거야!" 하고 아이를 두고
저만치 달아나는 경우,
두 가지 결과를 예상해볼 수 있다.
첫째, 아이가 망부석처럼 장난감 코너 앞에 붙박이가 되어
대성통곡을 한다.
둘째, 아이가 떠나버리는 엄마에 놀라 경기 일으키듯
마트가 떠나가라 울며 엄마를 뒤쫓는다.

몰라, 엄마 가버릴 거야 하고 자리를 떴던
엄마의 마음도 두 가지다.
진짜 꼴도 보기 싫어 확 가버릴까 싶은 마음,
그러나 진짜로 그랬다가는 혹여나 아이를 잃어버릴까 싶어
제자리를 서성이는 마음.
그리고 이 상황은 아마도
엄마가 거칠게 아이의 팔을 붙잡고
인적 드문 비상계단 쪽으로 데리고 가
사람 많은 마트에서 엄마를 '쪽팔리게' 만든 죄로
등짝 스매싱을 날리고,
그날의 목표(장보기)를 잊은 채로
분이 가시지 않아 계속 씩씩거리며 아이를 끌고
집으로 회군하는 것으로 마무리될 것이다.

강연 때마다 엄마들에게 묻는다.
언제 아이에게 가장 미안하냐고.

딱 두 가지 대답이 나온다.
아이에게 화내고 돌아섰을 때.
잠든 아이의 얼굴을 볼 때.

아이에게 남들 다 가는 학원 못 보내줘서 미안한 것도 아니고
아이에게 남들 다 입는 브랜드 옷 못 입혀줘서
미안한 것도 아니고, 다만
엄마가 순간의 감정을 이기지 못해 아이에게 퍼붓고 난 후
제정신으로 돌아왔을 때에야 그 상황이 제대로 보이고
그제야 자신이 잘못했음을 깨닫고 미안해하는 것이다.

그리고 모두가 잠든 밤, 마음에 한결 여유가 찾아온 엄마는
잠든 아이의 얼굴을 바라보며
낮에 그렇게까지 화낼 필요가 없었는데,
그렇게까지 나무랄 필요가 없었는데 후회하며
내일은 잘해줘야지 다짐한다.
내가 꿈꾸는 이상적인 엄마는 자상하고, 현명한 엄마이건만,
현실 속의 나는 늘 버럭버럭 소리나 지르고

짜증 섞인 목소리와 잔뜩 일그러진 얼굴로
아이들을 마주하는 엄마다.

한데 그것이 마냥 잘못은 아니다.

엄마도 화가 날 수 있고
엄마도 짜증날 수 있다.

다만 엄마도 그 화와 짜증을 어찌 풀어야 할지,
어찌 표현해야 할지 몰라
가장 가까이에 있는 만만한 아이에게 퍼붓고 마는 것이다.

나 또한 속에서 들끓던 열불이 머리까지 올라와
머리가 파지직 깨져버릴 듯이 화가 뻗칠 때면
돌고래 데시벨로 아이들에게 잔소리 따발총을 퍼붓곤 했다.
도저히 자제가 안 되어 미칠 것 같았던 그때,
나는 한 가지 방법을 떠올렸다.

'CCTV 효과.'

이 방법은 다년간의 연구와 실험을 거쳐

성공률 99퍼센트를 자랑하는 엄마의 분노 통제 방식이지만,
아직 세상에는 알려지지 않았다.
왜냐하면
내가 만든 방법이기 때문이다.

CCTV 효과란 이런 것이다.
우리 집 안 곳곳에, 내가 모르는 어딘가에
여러 대의 CCTV가 있다고 상상한다.
그러고는 아이들에게 버럭질을 일삼고,
심지어 등짝 스매싱을 날리기까지 하는
이성을 상실한 내 모습을 저 CCTV 너머에서
'내가 고등학교 때 제일 싫어했던 기지배'가
보고 있다고 상상하는 것,
혹은 '나를 뻥 차버리고 간 전 남친놈'이
지켜보고 있다고 상상하는 것이다.
팔짱 끼고 다리 꼬고 앉아서 지금의 내 모습을 보는 그들이
나를 어찌 생각할까 상상해보면 딱 한 호흡이 멈칫한다.
그리고 그 딱 한 호흡이, 나를 갈굼 작두에서 내려오게 한다.

또 하나의 방법은 집 안의 창문과 현관문을
살짝 열어두는 것이다.

우리 집 안이 밀폐된 공간이 아니라,
집 안에서 오가는 소리가
누군가에게 들릴 것이라고 생각하면
욱 지르려던 엄마의 버럭질이 한 템포 늦어지고
한 톤이 낮아진다.
이것은 다른 사람의 시선을 의식해서
나를 다스리려는 방법이라기보다는
좀더 객관적으로, 제3자의 입장에서 봤을 때
지금 내 태도가 수긍할 만한가를
나 스스로 되짚어보는 타이밍을 만들어주는 방법이다.

우리는 누구나 고상한 엄마를 꿈꾼다.
자애로운 엄마가 되기를 원한다.
그러나 엄마도 사람인지라 분노, 슬픔, 우울감이라는
부정적인 감정에서 마냥 자유로울 수가 없다.
모성애라는 감정도 엄마이기 이전에 한 인간인
내 모든 감정들의 우위에 설 수는 없다.

엄마도 화낼 수 있다. 엄마도 짜증날 수 있다.
그럴 땐 먼저, 내 상태가 그러함을 인정하고
내 화와 짜증의 원인을 오로지 아이들 탓으로만 돌리지 말자.

좀더 부드러운 말로 아이들에게
엄마의 상태를 알려주는 것도 나쁘지 않다.
"네가 이렇게 하면 엄마는 화가 날 것 같아"
"네가 이렇게 행동하면 엄마도 짜증이 날 거야" 같은 말들이다.
마치 남편과 대화하듯, 나와 동등한 인격체로 '대화'하듯
아이들에게도 내 상태를 알리고
제대로 협상할 기회를 만들어줘야 하지 않을까.

엄마는 아이들에게 늘 강자일 수밖에 없다.
아이들은 그런 엄마 옆에 무방비 상태로 놓인다.

아이들을 다그치기에 앞서
현재 내 감정이 어떤 상태인지를 바로 알고
내 감정이 좀더 누그러졌을 때, 내가 좀더 안정되었을 때
아이들을 나무라고 혼내는 것이
사태를 더 엉망으로 만들지 않을 터.

엄마도 화낼 수 있다, 짜증내도 된다.
다만 올바른 방법으로.

감정은 빼고 상황만을 보고 아이를 대할 수 있도록

내 안의 분노와 짜증과 먼저 싸우고 이겨낸 후에
다시 아이를 바라보자.

그러면 방금 전까지만 해도
원수도 이런 원수가 없던 아이가
내가 너무도 예뻐하고 사랑해 마지않는
아이의 모습으로 보일 테니 말이다.

엄마는 언제 불행해지는가

갓 태어난 송아지는
어미 소의 뱃속에서 뒤집어쓰고 나온 양수가
채 마르기도 전에 제 발로 딛고 선다.
알을 깨고 나온 물새들은 젖은 깃털이 다 마르면
곧장 날갯짓을 한다.
유독 사람만 제 힘으로 서고, 걷고,
혼자서 먹는 데에 오랜 시간이 걸린다.
여리고 여린 아이는 그래서
매 순간 돌보아줄 사람을 필요로 하고,

돌보아주는 사람에 따라, 어떤 환경에서 자라났는가에 따라
성장과 발달의 정도가 달라지기도 한다.

아이에게 긍정적인 영향을 주는 양육자,
아이에게 부정적인 영향을 주는 양육자.

맬컴 글래드웰의 『아웃라이어』에서 재미있는 통계를 볼 수 있다.
같은 해 1월생인 아이들과 12월생인 아이들이
양육자의 태도에 어떠한 영향을 받는지에 대한 것이다.
연초에 태어난 아이들은 대부분 부모와 주변 사람들로부터
긍정적인 반응을 많이 경험한다고 한다.
동갑내기 아이들보다 일찍 태어난 덕분에
발육 상태도 좋고 발달도 빨라서
제 나이보다 더 커 보인다. 또래보다 잘한다는
긍정적인 반응을 경험하는 반면,
연말에 태어난 아이들은 늘 또래보다 작고 발달이 늦은 만큼
부정적인 경험을 더 많이 할 가능성이 높다는 것이다.
한데 생일이 늦은 아이가 부정적인 경험을 하게 되는 주원인이
바로 '엄마'란다.
또래보다 늦된 아이들은 언제나 엄마의 비호를 받는다.
"우리 아이가 늦은 12월생이라 그래요"

"우리 아이가 아직 만 두 돌이 안 된 세 살이라서 그래요"라고.
늦게 태어나서, 아직 여물지 못해서,
아직 덜 자라서 그렇다는 엄마의 합리화가
도리어 아이의 자존감을 낮추어버린다는 얘기다.

아이들은 엄마의 불안감 속에서 자란다.
네댓 살이 되었는데도 넘어져서 다칠까봐
여전히 유모차에 갇혀 이리저리로 날라지는 아이들은
엄마 때문에 걷고, 뛸 수 있는 기회를 박탈당한다.
온실을 넘어 무균실에서 자라난 아이들,
실패하지 않기를, 좌절하지 않기를, 상처받지 않기를 바라는
엄마의 불안감 속에서 자란 아이들은
실제로 그러한 부정적인 상황이 닥쳤을 때
저 스스로 일어설 힘을 키우지 못한다.
언제나 아이를 곁에서 지켜줘야만 할 것 같은,
내 새끼 다칠까, 아플까 염려하는 엄마의 걱정과 불안이
아이와 엄마를 더 불행하게 만든다.

다른 집 아이들과 견주어 내 아이의 모자란 것이 보일 때,
내 아이가 가진 아홉 가지의 장점보다
한 가지의 단점이 크게 보일 때,

아이들을 잘 키우는 엄마보다
아이들이 잘 자라게 두고 보아주는 엄마가
훨씬 더 행복하다.

아이를 온전히 믿지 못하고 품 안에 감싸고 있어야만
마음이 놓일 때, 엄마는 불행해진다.
엄마의 불안감이 엄마를 옥죈다.
아이들의 발달 과정에
엄마의 불안감은 장애물이 된다.
아이의 모든 것을 엄마의 책임 아래 두려 할 때에
엄마는 불행해진다.

아이들은 엄마가 생각하는 것보다 강하다.
아이들을 놓아주는 것이 아이들을 더욱 단단하게 만든다.

아이들을 잘 키우는 엄마보다
아이들이 잘 자라게 두고 보아주는 엄마가
훨씬 더 행복하다.

엄마라면 모유를 먹인다고?

이런 분유 광고가 있었다.
유명 여배우와의 인터뷰 형식의 광고에서
그녀는 이렇게 말한다.
"제가 하는 일이고, 그만둘 수 없으니까……
모유 먹이는 엄마들 보면 부럽죠.
같이 못 먹이고 미안하죠."
그러고는 화면 마지막에 엄청 화려한 꼬부랑 영어로 된 이름의
분유통을 떠억 보여준다.
"모유를 못 먹이세요? 그럼 이 비싼 분유를 먹이세요"라는 듯이.

나는 세 아이 모두에게 모유 수유를 했다.
분유를 먹인 것은 열 손가락에 꼽을 정도이니
속칭 완모에 성공했다고 볼 수 있다.
그럼에도 불구하고, 모유 먹이는 엄마였음에도 불구하고,
이 광고와 상관없는 엄마였음에도 불구하고
나는 광고를 보면서 부글부글 화가 끓었다.
정말로 못된, 너무도 야비한 광고였기 때문이다.

이 광고는 모유를 먹이지 못하는 엄마들을 대상으로 한다.
"다른 애들 다 먹는 모유를 못 먹인다고?
그럼 이렇게 좋고 비싼 분유라도 먹여야 엄마지!"라고
말하는 것이다.
일을 포기할 수 없는 엄마가,
일 때문에 모유 수유를 못하는 엄마가,
젖이 돌지 않아 모유 수유를 못하는 엄마가
모유 먹이는 엄마들을 부러워하며
아이에게 미안해 고개를 떨구고 눈물을 글썽이게 만드는 광고.

사람들은 누구나 아이를 낳으면 자연스럽게
젖이 퐁퐁 솟아나는 줄 알지만,
모두가 다 그렇지 않음을 엄마들은 안다.

모유 수유에 좋다고 하면

돼지 족 삶은 물까지 죽죽 들이키면서까지,

정말 통곡하게 아픈 통곡 마사지를 비싼 돈 주고 받으면서까지

어떻게든 아이에게 모유를 먹이려 애쓰지만

사람마다 체질이 달라 누구는

껌딱지만한 가슴에서도 젖이 콸콸 나오고

누구는 수박통만한 가슴인데도 젖이 찔끔찔끔 나오기도 한다.

모유가 나오고 안 나오고는 엄마의 의지와는 상관이 없는 것이다.

타고나는 것이다.

엄마의 의지로 어쩌지 못하는 것은 결코 엄마의 잘못이 아니다.

젖이 돌지 않는 엄마들은 모유 대신 비싸더라도

아이에게 좋다는 분유를 먹이려 한다.

그러나 세상에 완벽한 유아식(엄마의 모유를 포함해서)은

존재하지 않는다.

광고 카피 속 완전무결하고 절대적인 줄만 알았던

"귀한 뉴질랜드 산양유"의 산양유조차도 실은

그 효과나 성능이 명백히 입증되지 않았음은 물론,

광고 하단에 아주 작은 글씨로 "원산지=호주"라고

표시된 것을 볼 수 있다.

뉴질랜드 방목은 마케팅 문구일 뿐,

실은 그 옆 동네 호주 소젖을 쓴다는 얘기다.
산양유 열풍이 가라앉은 후에는
초유 성분 분유가 뜨기 시작했다.
과연 모유에 들어 있는 초유 성분을
분유로 완벽하게 재현할 수 있는가 하는
기술적인 부분도 의문이고,
사람의 모유와 소들에게서 뽑아낸 초유 성분이
같을까도 의문이건만,
분유 회사의 마케팅은 참으로 뻔뻔하고 발칙하기까지 하다.
성분과 효과를 명백히 증명할 수 없음에도
그런 마케팅 문구들을 붙여 비싸게 분유 값을 올려놓고
모유를 먹이지 못해 속상한 엄마들의 죄책감을 한껏 이용해
분유 장사에 열을 올린다.

분유 이름마다 온갖 화려한, 문법에도 맞지 않는
화려한 고급 영단어들을 다 끌어다 붙여
'이 분유를 먹여 내 아이를 최고로 만드세요'라고
자극하는 것으로도 모자라
엄마들의 죄책감까지 이용한 광고.

모유를 먹이지 못해 속상한 엄마를

'모유 못 먹이는 죄인'이라고 매도하는 듯한 뉘앙스의
이 분유 광고는 "감히!"라는 소리가 절로 나오는
도를 넘어선 발칙한 광고였다.

모유의 대체식은 분유이다.
대체식으로 최선의 고급 분유를 먹이고 싶은 엄마들은
모유 수유를 간절히 원하면서도 젖이 돌지 않아서,
젖몸살이 너무 심해서, 직장생활을 해야 해서
수유가 쉽지 않은 엄마들이다.
출근해서 남몰래 화장실에 들어가 유축기로
퉁퉁 불은 젖을 짜내며 눈물 흘리는 엄마들.
화장실에서 짠 젖을 아이에게 내밀어야 하는 미안함,
아무리 애를 써도 생각처럼 젖이 돌지 않아
모유 수유를 포기해야만 했던 엄마들의 고통을
감히 분유 장사꾼들이 짐작이나 할 수 있을까.
아이를 위하는 마음 하나로 무리해서라도
비싸고 고급지다는 분유를 먹이는 엄마들에게
왜 모유 하나 먹이지 못하는 죄인이라는 죄책감을 갖게 하는 걸까.

사회는 엄마의 죄책감을 너무도 쉽게 이용한다.
특히 유아용품이나 아이들과 관련된 시장이 그렇다.

이거 못 사주면 능력 없는 부모,
이 정도도 못해주면 형편없는 부모.
심지어는 애한테 이 정도도 못해주면
어떻게 하려고 그러느냐는 식의
협박에 가까운 마케팅까지.

아이를 키우면서 행복하다는 감정보다
미안함, 죄책감을 더 크게 느낀다는 건 슬픈 일이다.
세상이 만들어놓은 기준을 따라가려다
엄마는 한없이 약해짐을 느끼고,
그 때문에 아이에게 늘 모자라고, 아이에게 잘해주지 못하는
미안한 엄마라 자책하는 건 안타까운 일이다.

아이가 모유, 혹은 분유를 먹는 기간은 길어야 2년 남짓이다.
아이는 앞으로 그보다 훨씬 더 오랜 시간 동안
엄마가 해주는 집밥을 먹게 될 것이고
또 머지않아 자기들 손으로 직접 라면도 끓여 먹고
볶음밥도 해먹으며
세상의 많은 먹거리들을 접하고 즐기게 될 것이다.
그런데 고작 2년 남짓의 모유, 분유 수유기를 가지고 아등바등,
이리 흔들리고 저리 흔들리며 스스로를 괴롭히는 일은

그만두었으면 좋겠다.

모유나 분유보다
앞으로 아이들이 먹게 될 밥그릇 수가 훨씬 더 많다.

PART 03

누구도 그냥 엄마가
되는 것은 아니다

나는 이미 좋은 엄마라는 위로

육아서를 맹신하던 때가 있었다.
밤낮을 가리지 않고 울어대는 아이 때문에 당황하던 그 시절부터,
한 살 한 살 먹으며 머리가 커져가는 아이에게
당황하는 모든 순간에,
'엄마'가 되길 요구받는 순간순간에,
나를 낮추고 굽히고 귀담아들으며
기꺼이 그대로 따르겠노라 다짐하며
육아서 저자들의 권위에 복종하던 때가 있었다.

독서 영재, 영어 신동,
잘나가는 학교에 들어간 아이 키운 이야기 등등
아이를 성공적(?)으로 키워낸 무슨 무슨 육아법의 달인인
선배 엄마, 의사, 박사, 아이 전문가라는
권위자들의 이야기까지.
마치 대박집 사장님으로부터 영업 기밀을 전수받는
쪽박집 주인처럼
그들의 육아 노하우를 전수받을 수만 있다면
기꺼이 그들이 하라는 대로,
그들이 시키는 대로 복종하겠노라 했던 때가 있었다.

그런데 어느 순간부터 나도 머리가 굵어졌는지,
엄마를 가르치려만 들고, 모든 문제의 원인은 엄마에게 있다고
콕콕 찔러대며 훈계하는 그 육아서들이 슬슬 거슬리기 시작했다.
육아서 중에는 지독한 상술이 엿보이는
누덕누덕 짜깁기로 기워낸
우려먹기 육아서도 상당했고,
육아서들이 그 밑바닥에 깔고 있는 노림수가
어느 순간 퍼뜩 눈에 들어온 후에는
더더욱 육아서를 가려 읽기 시작했다.
그 노림수란 것은

"엄마 넌 아무것도 몰라"
"엄마는 아무나 되는 줄 알아?"라며
겁주고 윽박지르고 엄마를 깔보는 것에서
시작하는 방식이었다.

그래서 한때는 책 구절구절마다 밑줄 쳐가며
"맞아 맞아, 그래 그래, 내 탓이지, 내 잘못이야,
내가 죽일 년이지"라며 가슴을 치고,
신부님 앞에 무릎 꿇고 앉아 고해성사 하듯
미친년처럼 머리 풀고 엉엉, 대성통곡 참회의 마무리로
책을 덮곤 했다.
그렇게 나는, 믿을 것은 오직 육아서뿐이라며 신주단지 모시듯
육아서 신간을 사 모았고,
내 책장 두 단을 채워 고이고이 모실 만큼 그들에게 충성했건만,
그 귀한 육아서들이 어느 순간 참 꼴 보기 싫어졌다.
이것들이 자꾸 나를 가르치려만 들고,
다 엄마인 내 탓이라고 나무라기만 하고,
나더러 자꾸 변해라, 바꿔라 다그쳤기 때문이다.

일종의 배신감이다.
난 육아가 너무 힘들어서, 자신이 없어서,

내가 너무 몰라 아이에게 제대로 못 해주는 것 같아 소심해져서
의지할 곳이 필요하고 기댈 곳이 필요하고
나를 손잡아 일으켜줄 도움이 필요했기에
그 책들에 매달렸던 것인데.

나에게 도움을 주는 척하지만 실은,
네가 얼마나 무식을 떨고 있는 건 줄 아느냐는 거만함,
엄마 너 때문이라고 질책하는 훈계 투의 오만함이 가득차 있었다.
그들의 말처럼 엄마가 그렇게만 할 수 있다면 더없이 좋겠고,
그들의 말처럼 그 모든 것들을 해줄 수만 있다면
토 달 일도 없겠다만,
이제 그들의 말은, 자기가 시키는 대로 안 하면
아이에게 당장 큰일이라도 날 것처럼 위협하며
'엄마'라는 이유로 계속해서 나를 낭떠러지로 떠미는 듯 느껴졌다.

엄마! 화내면 안 되지! 참아야지! 감정코치 몰라?
엄마! 그 정도도 못 참아? 나중에 애가 크면 어떻게 되겠어?

그렇게 '엄마'라는 지위를 겁박해 이래야 하고,
저래야 한다고 하도 떠밀어대는 통에
엄마는 갈수록 불안하고 조급했던가보다.

그들은 자꾸 엄마의 불안감을 자극한다.
엄마의 초조함을 이용한다.
엄마의 조바심을 안정시키기보다는 더욱더 부추긴다.
"그래. 이렇게 하면 좋겠구나"라는 희망이 아니라
"어떡해. 난 이렇게 못하는데.
난 엄마 자격이 없구나"라고 절망감을 갖게 만든다.

어느 유명한 육아서에 이런 얘기가 있었다.
아이에 대한 책임은 무조건 엄마에게 있으며,
남편이, 시어머니가, 세상이 어떻든 간에
엄마만 아이를 잘 품으면 문제가 없다고.
심지어는 아빠가 없는 아이가 문제아가 되었다면
그건 아빠가 없어서가 아니라,
남편이 없다고 엄마가 방황한 탓에 그리된 것이라고.
엄마가 아이에게 얼마나 헌신적인 사랑을 쏟느냐에 따라,
엄마에 의해 아이의 인생이 결정된다는 그 말에
나는 육아서를 끊었다.
시어머니가 구박을 하든,
남편이 허구한 날 술 퍼마시고 집에 안 들어오든
그래도 엄마만 자식을 잘 품으면 문제가 없을까?
우리 아이가 서울대를 못 갔다?

엄마가 헌신적으로 사랑하지 않은 탓이다.
우리 아이가 취직을 못 한다?
엄마가 사랑하지 않아 그런 것이다.
이 책 구절처럼 아이의 인생이
엄마의 사랑에 따라 결정된다면 말이다.

다 엄마 탓이다.
다 네 탓이다.
애가 잘못되면 무조건 엄마 탓이다.
어떤 고난과 역경에도 굴하지 말고 엄마면 엄마답게
무조건 헌신적으로 아이에게 사랑만 쏟으라는 이 책에서
엄마라는 단어 대신 양육자라는 표현을 썼다면
나는 어느 정도 공감할 수도 있었겠다.
세상에는 저마다의 사정상, 엄마가 아이를 키우지 못해
대체 양육자가 필요한 경우가 있다.
엄마가 직접 양육할 수 없어 할머니 손에 맡기거나
어린이집에 맡겨야 하는 경우도 있는데,
이 저자의 말대로라면 이 아이의 인생은
엄마가 아닌 다른 이의 손에 맡겨진 순간부터
이미 불행한 인생이 되는 셈이다.
엄마가 키우지 않았으니까.

엄마가 헌신적으로 사랑하지 않았으니까.

아롱이다롱이.
아이들도 제각각 다르지만, 엄마들 또한 다 제각각,
저 나름의 환경에서 저 나름의 고민과 방법과 노력으로
어떻게든 다들 잘하려고 애쓰지, 잘못되려고 애쓰지 않는다.
그런 엄마들의 마음은 몰라주고
"엄마 당신들, 지금 굉장히 잘못하고 있는 거야"라는
그들이 바닥에 깔고 있는 전제부터 틀렸다.

"엄마들. 잘하고 싶죠? 행복하고 싶죠?
그런데 마음처럼 잘 안 돼서 힘들죠?"가 우선이다.

당신들의 이야기를 듣는 대상인
엄마들의 마음조차 읽지 못하면서
그 엄마들에게 부디 당신 아이들의 마음을 읽어주라고
질책하는 건 모순이지 않나.

개별적인 차이에 대한 고려 없이 당위적인 기준에 맞추어
아이는 이래야 하고, 엄마는 저래야 한다는 육아서들의 내용은
각기 다른 아이들의 성향,

엄마들의 환경에 대한 경험 등
구체적인 사안들을 고려하지 않은 '표준형'이었다.

그 표준형이 되기 위해
굳이 나와 내 아이들의 개성까지 죽여가며
애쓸 이유가 없었다.

난 그냥 내 식대로 살겠다.
나는 지금 무척 잘하고 있는 거라고,
최선을 다하고 있다고 믿으면서.
나는 이미 좋은 엄마라고 한껏 다독여주면서.
그러니 더 애쓰려 노력하지 말고,
그래서 더 힘들어지지 말고
보다 편한 얼굴로,
보다 느긋한 마음으로 아이들을 대하는 것이
훨씬 더 나은 육아법이지 않을까.

차라리 그렇게 배짱이라도 부리는 게
그들이 말하는 이런저런 기준에 못 미치는
엄마 같지도 않은 엄마라고 나를 찔러대며 사는 것보다
훨씬 더 우리 아이들에게 좋은 엄마가 되는 방법이 아닐까.

독박육아,
고립육아의
끝을 보다

육아 기간 14년 중 10년간 나는 세 아이를 홀로 키웠다.
첫째는 3년 정도 시어머니와 함께 키웠고,
분가한 이후 바로 둘째가 생겨
유치원에 다니는 네 살 첫째와 갓 태어난 신생아 둘을 돌보는 것이
내 독박육아의 시작이었다.

형편이 여의치 않아 나는 산후조리원을 이용해본 적도 없다.
그저 병원비를 적게 내야 한다는 일념 하나로
자연분만 후 2박 3일 병원에 있다가 집으로 돌아오면

시어머니나 친정 엄마가 일주일 정도
산후조리를 해주신 게 전부였다.
어머니들이 가시고 나면 나는
채 2주의 산후조리 기간도 다 채우지 못하고서
유치원 다니는 아이를 챙기고, 밥을 해주고,
퇴근할 남편의 저녁상을 차리고 세탁기 돌리고
빨래 널고 설거지하면서
첫째가 놀아달라면 책도 읽어주고 종이접기도 해주었다.
그러다 둘째가 애앵 울어대면 달려가 젖을 물리고
기저귀를 갈아주면서
손목이 나간 상태에서 연골주사를 맞고 손목 아대를 하고 버티며
산후조리도 제대로 안 된 무른 몸으로
두 아이와 살림을 책임졌었다.

그런 내가 유일하게 살아 있는 사람과
얼굴을 마주하고 이야기를 나눌 수 있는 건 오직
남편이 퇴근해서 돌아왔을 때뿐이었다.
하루종일 말 안 통하는 녀석들과 씨름하느라 진을 쏙 뺀 후,
퇴근한 남편과 하다못해 "누구랑 누가 사귄대" 하는
연예뉴스라도 이야기해볼 수 있는 그때가
아이 셋을 홀로 키우면서

유일하게 사람과 대화할 수 있는 시간이었다.

한번은 이런 일이 있었다.
둘째를 낳은 지 얼마 안 되었을 즈음, 나는 심한 유선염에 걸렸다.
마치 신종플루 증상처럼 머리는 한없이 무겁게 지끈거리고,
앉아 있기도 힘들 만큼 몸은 천근만근인 와중에
아이에게 물려야 할 젖꼭지는 옷깃이 살짝 스치기만 해도
철조망이 쓸고 지나간 것처럼 아팠고,
피가 끓어오르는 듯한 후끈한 열기에 차마 만져볼 수도 없었다.

그때 네 살 된 첫째가 말한다. "엄마, 배고파요."
그리고 갓난쟁이 둘째가 칭얼대기 시작한다. '엄마, 젖 주세요.'
큰애 먹일 밥을 해야 하고, 둘째 먹일 분유라도 타야 하는데,
몸이 불덩이가 되어 내 몸 하나 추스르기도 힘들었더랬다.
그래도 어떻게든 애들을 챙겨야겠기에
간신히 부엌으로 기어나가 보니
헐, 생수가 없다.

어이가 없다.
이 다급한 상황에 고작 생수 한 병이 없어서
아무것도 하질 못한다니.

수돗물을 끓이고 식혜 분유를 타 먹이기엔
갓난쟁이 둘째의 인내심이 그리 좋아 보이지 않는다.
곧 대성통곡 폭발할 기세다.
그렇다고 생수를 사러 나가자니
부엌까지 간신히 기어온 내 상태로는 무리다.
그 와중에 배고프다는 첫째의 독촉이 계속된다.
고작 생수 한 병이 없어서
이러지도 저러지도 못하는 상황에 놓인 나는
그 자리에서 무너져버렸다.
뭐가 그리 서러운지, 그 자리에서 엉엉 소리 내어
대성통곡을 해버렸다.

그때 내게 필요했던 것은 배고픈
첫째가 먹을 밥을 지어줄 사람도 아니었고
아픈 나 대신 아이들을 돌봐줄 그 누군가의 도움도 아니었고,
그저 단 하나, 생수 한 병뿐이었다.
창문을 열고 길 가는 사람들을 향해
"저기요, 누구 생수 한 병만 사다주실 수 있을까요?"라고
묻고 싶었을 만큼
그 누구든 내게 생수 한 병만 사다준다면
그후로는 아픈 몸을 끌고서라도

어떻게든 내가 알아서 할 수 있을 것만 같은데,
다만 그 생수 한 병을 사다줄 사람이 없어 무너지고 말았던
독박육아, 고립육아의 처절함.

엄마가 우는 소리에 놀란 첫째가 겁을 먹고
회사에 있는 아빠에게 전화를 건다.
"아빠…… 엄마가 울어요. 엉엉……"
다행히 집에서 10분 거리에 남편의 회사가 있던 때라
남편은 서둘러 일을 정리하고 집으로 돌아왔다.
그때 남편의 눈에 들어온 집 안의 풍경은
여자 셋이 머리 풀고 다 같이 대성통곡하고 있는 상황이었다.
마누라는 미친 여자처럼 어엉 꺽꺽
울어대고 있고,
갓난쟁이는 경기 일으키기 직전의 울음을 토해내고 있고,
이 울음 천지에 겁에 질린 첫째는 무서워 훌쩍이고 있고……

어디서부터 어떻게 수습해야 할지 모를 이 상황을
과연 어찌해야 할까.
과연 남편은 이 상황을 어떻게 해결했을까.
자신의 세 여자 중 남편은 누굴 가장 먼저 챙겼을까.
남편은 가장 먼저 나에게로 왔다.

겁에 질려 울고 있는 우리 보물 같은 첫째,
경기 일으키기 직전의 갓난쟁이 둘째가 아니라
가장 먼저 내게로 왔다.

"여보 괜찮아? 조금만 진정해봐.
내가 애들 좀 챙겨볼게"라고 말한 후
남편은 갓난쟁이 둘째를 안고 달래면서 놀란 첫째에게 다가가
"아빠 왔으니까 괜찮아. 아빠가 얼른 밥해줄게" 하며
생수를 사다가 둘째 분유 먼저 먹여 재우고
첫째에게 밥을 해 먹인 후 다시 내게로 와 물었다.
"여보 괜찮아? 많이 아파? 잠깐만 있어봐.
내가 약국 가서 약 좀 사올게."
남편은 그렇게 내 머리를 쓸어주고,
내 등을 여러 번 토닥여준 후 약을 사러 나갔다.

남편은 그 순간에 아이들보다도 가장 먼저 나를 챙겼다.
기댈 곳 하나 없이, 생수 한 병 사다줄 그 누구도 없이
고군분투하던 나를
제일 먼저 알아봐주고 가장 먼저 챙겨주었던 남편의 고마움은
지금까지도 잊을 수 없다.
내가 독박육아, 고립육아, 독박가사를 견뎌내며

오늘날까지 무탈하게 아이들을 키워오고
내 커리어까지 쌓아가며
치열한 육아전쟁을 승리로 이끈 데에는
남편의 그 한마디, 보이지 않는 그 지지와 응원의 힘이 있었다.

남들은 하찮게 보는 집안일과 육아를
결코 하찮게 보지 않았던 한 사람.
내가, 내가 가진 능력 이상의 노력으로 애쓰고 있다는 사실을
알아주었던 단 한 사람, 내 남편.
그런 지원군이 있었기에,
말 한마디만으로도 나를 육아의 고충에서 해방시켜주던
그 한 사람이 있었기에 나는 지난 육아의 시간들을
견딜 만했다, 할 만했다고 기억할 수 있게 된 것이다.

엄마에게는 그다지 큰 것이 필요치 않다.
"수고했어, 애썼어, 고생했지?"
"잘했어, 잘하고 있어"라는 위로와 응원의 한마디.
그 한마디만으로도 엄마는 큰 위안과 용기를 얻고
더 힘을 낼 수 있게 되는 것이다.

그 누구도 나의 고충과 어려움, 애씀을 알아주지 않을 때,

그래서 속이 상하고 우울하고 슬퍼질 때면
이제 나는 거울 앞에 서서 내 가슴에 손을 얹고
스스로에게 내가 듣고 싶은 이야기를 건넨다.

"나영아, 오늘 힘들었지? 애썼어. 고생했어. 너 참 잘했어"라고.

나를 알아주고 일으켜 세워주는 그 누군가,
그 한 사람도 없다면
나 스스로 나를 알아주고 내게 손 내밀어
일으켜 세워주어야 한다.
엄마로서 내가 얼마나 애쓰고 있는지,
노력하는지, 수고하는지,
얼마나 외로운지, 얼마나 서글픈지
스스로에게 내가 듣고 싶은 말들을 해주다보면
어느새 거울 속의 내 눈엔 눈물이 그렁그렁,
작은 위안이 되기도 한다.

이 세상 모든 엄마 동지들.
그대들은 독박을 쓰지도, 고립되지도 않았다.
낙오된 것은 더더욱 아니다.
서로가 서로를 알아주는 우리 엄마들,

엄마들끼리는 서로를 아니까, 알아주니까.

그러니 조금 더 내려놓아도 된다.
더 기운 내려 애쓰지 않아도 된다.
이미 우리는 충분히 좋은 엄마이고
더없이 큰 노력을 하고 있으니 말이다.

다만 행복하기를, 행복한 오늘이었기를 빈다.
우리가 이토록 애쓰는 건,
사랑스러운 우리 아이들과 함께
엄마도 행복하기를 원하기 때문일 테니까.
그리하여 독박도, 고립도 아니라는 것을,
혼자가 아님을 잊지 않기를.

나는 올빼미 엄마다

나는 어려서부터 밤잠을 잘 자지 않는 아이였다.
밤마다 행패를 부리던 알코올중독 아버지로 인한
트라우마도 있었지만,
7시 30분까지 등교해야 하는 고등학교에 다닐 때에도
새벽 3시까지 라디오를 듣다가 쪽잠 자듯 자고 학교에 가는 것이
내게는 익숙한 일이었다.

아침형 인간이 성공한다는 것이 정설로 여겨지던 때,
천성적으로 올빼미족으로 태어난 나는

아침형 인간으로 나를 바꾸려다
영영 나 자신을 잃을 뻔했다.
나는 밤에 일할 때 가장 좋은 성과를 냈었고,
아침부터 낮까지 푹 자고 나서 초저녁부터 활동하는 것이
내게 가장 효율적인 생활 방식이었건만,
아침형 인간이 성공한다는 말에 아침형 인간이 되려고
온갖 비법서와 처방을 들고
나를 바꾸기 위해 안간힘을 쓰느라 허비한
시간과 노력이 더 컸더랬다.

아이를 낳은 후에는 아예 낮과 밤의 개념이 없어졌다.
밤에도 두 시간 간격으로 깨는 신생아기에는
아기 젖 물리고 기저귀 갈아주고 쪽잠 자고,
낮에도 밤에도 비상대기 상태로 아이의 수면 패턴에 맞추느라
늘 수면 부족에 시달렸다.

아이가 서너 살쯤 되고부터는 밤잠 간격이 일정해졌는데,
올빼미족인 나는 내 밤잠을 포기하는 대신
내가 좋아하는 드라마 보기,
블로그에 글쓰기 등으로 시간을 보냈고,
낮에는 여지없이 잠이 부족해 골골거리며 간신히 간신히

아이들을 돌봤던 것 같다.

고등학교를 졸업하면서 내가 만세를 불렀던 일은 더이상
"매일 아침 일곱 시 삼십 분부터 우릴 조그만 교실로 몰아넣고
전국 구백만의 아이들의 머릿속에 모두 똑같은 것만 집어넣는"
그 생활을 하지 않아도 된다는 것이었는데,
결혼하고 아이를 낳고 키우다보니
나는 다시 매일 아침 일곱 시 삼십 분까지 일어나
매일 똑같은 일상을 반복해야 했다.

아이를 처음 유치원에 보냈을 때 가장 심란했던 것이
아침 일찍 일어나 아이를 유치원에
데려다주어야 한다는 것이었다.
매일 출퇴근하는 것조차 불가능한 올빼미족이라
일도 재택근무로 하는 내게 아침 일찍 일어나기란
결코 쉬운 일이 아니었다.
그래서 나는 아침 등원 준비를 출근하는 남편에게 맡겼다.
나는 밤에 일하니, 당신이 출근하는 길에
아이를 챙겨 유치원에 데려다달라고.

우리 부부는 딱히 엄마 아빠의 역할을 나누지 않았다.

그 일을 할 수 있는 사람이 하고,
다른 한쪽은 그 나름으로 할 수 있는 일을 했다.
아이들의 등교 문제가 그랬다.
남편의 출근길에 아이들을 맡기는 것이
엄마의 직무유기라고 생각할 사람이 있을지도 모르지만,
우리는 그렇게라도 힘을 비축해 하루를 살아간다고 생각했다.

때문에 나는 아이들의 잠에 대해 걱정하지 않았다.
밤 10시를 결코 넘기지 못하는 아침형 인간 첫째,
그냥 두면 새벽 3시까지도 노는 올빼미형 둘째,
밤에 자든 낮에 자든 어쨌든
하루 8시간 수면이 보장되면 그만인 셋째까지
서로 다른 수면 패턴을 가진 아이들을 두고
애들은 몇 시가 되면 자야 하고, 몇 시가 되면 일어나야 한다는
수면 법칙을 만들지 않았다.
아이가 자고 싶을 때 자게 하고 아이가 놀고 싶어할 때 놀게 했다.
나중에 학교 다닐 때를 대비해서 아침에 일찍 일어나는
습관을 들여야 한다고 생각하기보다
지금 현재, 아이 스스로에게 맞는 생체 리듬을 따르는 것이
훨씬 더 나은 일이 될 수도 있다고 생각했다.

굳이 나를 바꾸려 들지 않아도 좋다. 이대로도 좋다.
굳이 아이를 바꾸려 들지 않아도 좋다.
그게 그 아이 본연의 타고난 기질이고
그것이 또한 아이의 매력이기도 하니까.

그냥 졸리면 자고, 배고플 때 먹고,
미리 앞서 공부해야만 하는 것들 말고
그때그때 호기심 생기는 것들을 찾아 즐기고 공부하게 두었다.
그 누군가의 기준에 맞추어 아이를 찍어내듯 기르지 않아도,
굳이 나를 바꾸고 아이를 바꾸어
그들과 같아지려 애쓰지 않아도
아무 일도 없더라. 아무렇지도 않더라.
그저 그렇게 잘들 크더라.

아이들의 잠자는 일까지도
'수면 교육'이라는 이름으로 틀에 맞추기보다는
아이 스스로가 가진 리듬에 맞추어 생활하는 것이
내게는 훨씬 이로운 일로 느껴졌고,
때가 되면 아이들은 저절로 자기 생활 패턴에 맞게
잠 조절이 가능해지는 걸 경험했다.
아침형 인간이 반드시 성공하는 것은 아니다.

나 같은 올빼미들은 밤에 일해야 좋은 결과가 나온다.
아침 일찍 일어난 새는 벌레를 잡지만
아침 일찍 일어난 벌레는 새에게 잡혀 먹는다.

케이스 바이 케이스.
딱 정해진 수면 법칙보다
아이들이 가진 리듬을 따라가는 것이
훨씬 더 나은 방법일 수 있다.

정답은 없다.
해답은 있다.
정답은 하나일 수밖에 없지만
자기가 처한 상황에서 적절하게 대응하는 법,
그 상황을 풀어가는 방법(해답)은 무수히 많다.
그러니 아이들의 잠마저도 수면 교육이라는 이름으로
어떤 틀에 맞추려 애쓰지 말자.

그저 아이가 가진 것 그대로를 따라가는 것이
나와 우리 아이만의 해답이니까.

아이가 양치질을 잘하게 만드는 법

초등학교 2학년 남자아이를 키우는 한 엄마가 그랬다.
아들과 자신 사이에는 열 개의 암호가 있다고.
예를 들면 이런 식이다.
엄마가 "1번"이라고 말하면 "양치질해"라는 뜻이고,
엄마가 "2번"이라고 말하면
"네 방으로 가서 숙제해"라는 뜻이라고.

다정다감하게, "아들아, 이제 양치해야지?" 하는
권유형 문장은 이미 포기한 지 오래고,

"양치해! 아직도 안 했어? 말 좀 들어라 쫌!" 하고
싸우기도 지쳐서
그나마 자신의 감정을 싣지 않고 무덤덤하게
소통하는 기술이
"아들아, 1번. 아들아, 2번" 이렇게 말하는 식이라는 거다.

권장할 만한 방법은 아니지만, 오죽하면 그럴까 공감이 갔다.
나도 하루종일 아이 셋과 함께하다보면
이것저것 잔소리할 일이 산더미다.
손 씻었니, 세수는 했니, 머리 좀 묶어라,
양말 좀 뒤집어 벗지 마라,
숙제했니, 준비물 챙겼니, 변기 물 내렸니 등등.
세 놈들 뒤쫓아 다니며 뒤치다꺼리하기도 지치고,
사전에 미리 예방한답시고 잔소리하기도 지치니,
정말로 내 손에 마법의 리모컨이 딱 들려 있어서
1번 누르면 양치하기, 2번 누르면 숙제하기 하는 식으로
아이들을 로봇처럼 조종이라도 하고 싶은 심정이었다.

아이들의 습관 들이기, 버릇 들이기.
손 씻고, 발 닦고, 세수하고, 손발톱 자르고, 머리 빗고 묶기까지
딸 셋을 전부 다 내가 케어(라고 쓰고 컨트롤이라 읽는다)하기란

결코 쉽지 않다.
그리하여 이런 사소한 위생 습관 하나까지도
어떤 결과를 가져오고 어떤 악영향을 미치는지
설득하고 납득시키고 이해시키기 위해
생활 습관에 관한 동화책과 플래시 무비 등을
무한 반복 주입 교육했어도 그 성과는 미미하여
나는 여전히 허덕허덕, 세 놈 뒤치다꺼리에 진을 빼야 했는데
어느 날 아주 작은 계기로 엄청난 깨달음을 얻었다.
교육보다 엄청난 힘을 가진 것은 바로 '경험'이라는 것을.

내가 아이들에게 유독 신경쓴 부분이 있다면 바로 '치아'다.
나는 치아가 유독 약한 편이라 중학교 입학 즈음에
이미 모든 이빨을 시커먼 아말감으로 때웠을 만큼
하루에 너덧 번씩 양치질을 해도
금세 충치가 생기고, 툭하면 치아가 깨져 나갔기에
우리 아이들만큼은 3개월마다 치과 정기 검진을 가고,
사탕, 초콜릿, 탄산음료 같은 것들은 일절 먹이지 않았으며
그 무엇보다도 양치질을 강조해왔다.

엄마가 양치질을 해주는 대신,
녀석들이 스스로 양치질을 하게끔 한 후에는

날마다 양치질 전쟁이 벌어졌다.
"양치해야지. 양치 안 하니? 양치해야 한다니깐.
빨리 양치하라고!"로 이어지는
3단 고음 잔소리로 이어지는 매일 저녁마다의 양치 전쟁.
그런데 이 양치 전쟁을 끝낸 아주 사소한 계기는
단 한 번의 충치 치료였다.

홀로 치과 의자에 눕는 것만으로도 왠지 스산한 분위기,
그저 거울 집어넣고 입안을 살피는 것만으로도
소름이 끼치는 분위기,
깊은 충치가 아니라서 딱히 아프지 않았음에도
치과 특유의 그 공포의 냄새와 "위이이잉"
충치 갈아내는 기계 소리를 아이들이 경험한 후,
나는 아이들에게 더이상 "양치해라"라는
잔소리를 할 필요가 없었다.

"양치를 제대로 못해서 이가 상하면 치과에 가야 한다"라는
경험 하나만으로도
아이들은 뭘 먹었든 간에 음식을 먹으면 곧바로 욕실로 직행하며
치과에 가지 않기 위해 기를 쓰고 열심히 양치질을 했다.
양치질을 하지 않은 결과가 어떻게 돌아오는지를 경험한 후의

변화다.

같은 이유에서 나는 아이들의 숙제를 대신 해주거나
집에 놓고 온 준비물을 날라다주는
엄마서를 찬스를 주지 않는다.
숙제를 안 해 가면 다음 날 학교에 가서 혼난다.
내 자식이 혼나는 일이 생길까봐 숙제를 대신 해주기?
그건 옳지 않다고 본다.
응당 자신이 해야 마땅한 일을 미루고
제대로 하지 않았을 때의 결과를
아이 스스로 직접 부딪히고 받아들이고 해결해야 하니까.
나는 학교 가기 전날 저녁에 분명히 말한다.
"숙제 다 했니? 알림장 확인했고? 준비물 다 챙겼어?"라고.
엄마로서 챙겨주는 건 그 정도로 족하다.

숙제를 하고 준비물을 챙기고
학교에 다니는 것은 분명 아이의 몫이다.
숙제 안 해 가서 혼나고, 준비물 못 챙겨 가서
친구의 것을 빌려 쓰든, 벌을 받든
그것은 엄마의 탓이 아니다.
엄마가 무심한 것도, 매정한 것도 아니다.

그런 경험 또한 아이가 자라는 데 반드시 필요하다.
자신의 불찰이 어떤 결과를 낳는지를 알아야만
다시 같은 실수를 하지 않을 것이고
자신의 일에 보다 책임감을 가질 수 있게 될 테니 말이다.

초등학교 전교 회장을 뽑는 선거철이 되면
학교 입구에서부터 진풍경을 볼 수 있다.
전문 인쇄 업체에 의뢰해 제작한,
실제 대통령 선거를 방불케 하는 포스터와 유인물,
햄버거와 피자로 동원된 피켓 친구들의
기호 1번 홍길동을 부르짖는 외침,
그리고 후보자 아이와 그 엄마의 간절한 악수 퍼레이드까지.
대략 6~8명 정도의 전교회장 후보 포스터 중,
후보자 아이 스스로 만든 포스터는 한두 장에 불과하다.
나머지는 전부 다 엄마들이 직접 제작하거나
돈을 들여 업체에 의뢰해 제작한 것이고
선거 연설문 역시도
엄마가 써준 그대로를 읽는 경우가 수두룩하다.
학부모 카페에 올라온 글을 보면
엄마가 애 선거 치르느라 진 뺐다는 경험담도 상당하다.
전교 회장은 아이들의 투표로 선출되는 게 아니라

후보자 엄마의 지대한 노력으로 만들어지는 것이더라.

아이의 주변을 빙빙 도는 헬리콥터처럼
아이가 다 자란 성인이 되어서까지도
평생을 자녀 곁에서 맴돌며 자녀의 일이라면
무엇이든 발 벗고 나서는 엄마들을
헬리콥터 맘이라 부른다.
심지어 그들은 아이가 대학교에 들어가도
학습 매니저를 자청하며
자식의 학점 관리와 대학 숙제를 대신 해주기도 하고,
교수를 찾아가 왜 우리 애 학점을 이것밖에 안 줬냐며
따지기까지 한단다.
자식이 사회인이 되어 취직을 하게 됐어도
아이의 경력 관리에 나서고,
심지어는 부서 배치에도 관여하려 드는 엄마들도 있단다.

미안하지만 나는, 그렇게는 못 하겠다.
내 아이에게 무심해서가 아니다.
내 아이 잘되길 바라는 마음이 없어서도 아니다.
정말로 내 아이가 잘되길 바라는 마음 하나로
나는 최대한 아이의 일에 관여치 않고

아이 스스로 해나가기를 바라고,
그 누구의 꼭두각시처럼 시키는 일을 잘하는 아이가 아니라
스스로 판단하고
스스로 잘해나가는 아이가 되기를 바란다.

수능시험 즈음이면 우리는 어김없이
시험 성적을 비관해 세상을 등졌다는 아이들에 대한 기사를
보게 된다.

실패를 하면 거기서 끝나는 게 아니라
다시 시작하면 된다는 것을,
넘어지면 잠깐 아프고 말 뿐,
다시 툭툭 털고 일어나 걸으면 그뿐이라는 것을
가르쳐주었더라면
옥상 난간에 선 그 아이를
돌려세울 수도 있지 않았을까.

우리 아이들의 인생이 성공하느냐 마느냐를 떠나서
우리 아이들 스스로 자기 인생을 설계하고 실천하며
씩씩하게 살아나갈 수 있는 것이 더 중요하다고 생각한다.
그렇기에 나는 아이가 실패하고 넘어지고 좌절하는 과정까지도

아이를 위한 일이라 믿고 싶다.
아이가 넘어졌을 때 엄마로서 가장 두려운 상황은
아이가 넘어진 것보다, 아이가 아파하는 것보다,
아이가 일어설 생각을 안 할 때이다.
엄마가 달려와서 일으켜주기만을 기다리며
그 자리에 철퍼덕 주저앉아
내내 우는 시늉을 하는 아이를 보는 것이
아파서 우는 아이를 보는 것보다 더 마음 아픈 일이다.

육아의 목적은 아이의 '독립'이다.
아이 스스로 자기 일을 해낼 수 있을 때
엄마는 비로소 진정한 '엄마'가 되지 않을까.

물개 박수,
엄마는 방청객

이제는 엄마보다 훌쩍 키가 커버린
170센티미터의 중학교 1학년 큰딸을 볼 때면
어찌 저 커다란 녀석이 내 뱃속에서 나올 수 있었을까 신기하다.
아이들이 잠든 밤, 녀석들의 옆에 누워 가만히 바라보고 있자면
기다란 속눈썹 한 올 한 올,
새하얀 볼의 솜털 한 가닥 한 가닥까지,
이 모든 것을 녀석들 스스로
엄마 뱃속에서 만들고 나왔다는 것이 경이롭기까지 하다.

아이들이 태어나던 날을 기억한다.
얼마 지나지 않아 진저리 나게 싫어질 그 째지는 울음소리마저도
제발 한 번만 들려주기를, 한 번만 소리내주기를 바라던 그때.
삐죽삐죽, 오물오물 하는 입모양만으로도 귀엽다고 깜빡 죽고,
배냇짓한다고 씨익 웃어 보일 때면 그 찰나의 순간에
"여보, 여보 빨리 와봐. 아기가 웃어, 진짜야, 웃었다니까!"를
외치고 배냇짓 웃음 재방을 기다리며
뚫어져라 아기의 얼굴을 바라보던 기억.
아이를 키우는 날들은 그후로도 계속해서
놀라움과 신기함의 연속이었다.

첫째가 첫돌 좀 지났을 무렵이던가.
이제 걸음마 좀 떼고, 혼자 젖병 잡고 누워 뒹굴 줄 알던
그 어느 날.
"솔비야, 맘마 다 먹었으면 설거지하게 젖병 주세요"라고
무심코 말했을 때
녀석이 진짜로 빈 젖병을 들고 싱크대 앞으로 와 엄마에게
"응. 으응" 하며 젖병을 내민다.
그 순간 나는 고무장갑도 벗지 못한 두 팔로
"어머나, 세상에. 우리 딸 웬일이니!" 하며 아이를 안아 올렸다.
세상에, 젖병이란 말을 알아듣네?

세상에, 그걸 들고 두 발로 타박타박, 엄마한테 걸어왔네? 하는
놀라움과 신기함.
아이들의 작은 손짓, 몸짓 하나에도 엄마는 감탄했더랬다.
고작 두세 음절의 단어를 불분명한 발음으로 말할 때에도
엄마는 감동했다.
그리고 그렇게 아이 스스로 잘 자라고 있음에 너무도 감사했다.

그랬던 엄마가
아이가 좀더 자라 '교육'을 생각하게 될 때가 되자,
어린이집이나 유치원 같은 '사회'에 놓이게 되자,
아이들의 행동 하나, 말 한마디에도
감동하고, 감사하던 엄마는 어느새
감독하고, 감시하는 엄마로 바뀐다.

아이가 속한 세상에서 모나지 않은 아이가 되도록,
다른 아이들보다 특출함을 증명해 보일 수 있도록,
나쁜 친구를 사귀어 엇나가지 않도록
엄마가 아이를 위한다는 구실로
아이의 생활에 더 깊숙이 관여할수록
아이에게 감탄하고, 감동하고, 감사하는 일은 더 줄어들었다.
그렇게 엄마는 아이에게 '감탄'하는 법을 잊었다.

한때 사범대 교육학 전공서적까지 섭렵하며

엄마표 학습의 대가를 꿈꾸고

인성이 훌륭한 아이를 기른답시고

아이들을 통제하고 버릇 들이기에 매진했던 내가

이제는 거의 방치 수준에 가깝게

아이들의 일에 관여치 않고 있다.

훈계는 곧 화풀이가 되고,

당부는 곧 잔소리가 되고 마는

이 지긋지긋한 인생 설계사, 코칭 매니저 엄마가 되는 게 싫어서

나는 다시 예전의 그 물개 박수, 방청객 엄마로 돌아왔다.

예전처럼 아이들의 모습 하나하나에 감탄하고

감동하는 엄마로 말이다.

얼마 전 일곱 살 막둥이의 유치원 학예회에 다녀왔다.

첫째 때 세 번, 둘째 때 두 번,

이미 다섯 번이나 본 학예회건만,

이번 학예회에서도 나는 여지없이 눈물을 찔끔거리고 말았다.

참 신기한 일이다.

예쁜 무대의상으로 갈아입고 쪼르르

무대 위로 달려 나오는 아이들 틈에서 내 새끼를 발견하고,

이내 음악과 함께 신나게 개다리 춤을 추는 아이를 보는 게
처음도 아니건만,
그게 왜 그리 가슴 벅차고 눈물이 왈칵 치미는지 참 모를 일이다.

어이구야, 내 새끼가 언제 저리 컸다니.
저 녀석이 저런 춤을 출 줄도 알다니 싶으면서
뱃속에서 꼬물대던 녀석의 움직임이 저렇게나 커진 걸 보면서
엄마 아빠 품에서 마냥 아기 같기만 하던 녀석이
단체로 동작을 맞춰가며 약속된 동작을 틀리지 않고
곧잘 해내는 모습을 보면서 그 어떤 아이돌 가수의 무대 못지않게
훌륭한 무대를 선보이는 내 새끼가
그렇게나 대견하고 감탄스러울 수가 없다.

내 기대에 미치지 못하는 아이들을 볼 때면
실망스럽고, 불안했고, 다른 아이들보다 부족하다고 한탄했었다.
그렇게 애당초 경쟁에서 밀려버린
이 아이들의 미래가 순탄치 않을까봐 걱정했더랬다.
'위험해. 안 돼. 그건 아냐.'
엄마의 감시하에 움직이던 아이들.
'그것 말고 이것, 그렇게 말고 이렇게'라고
엄마의 감독에 따라 움직이던 아이들.

행여 내 새끼 다칠까, 아이를 염려하고
아직 오지도 않은 미래를 걱정하며
한숨과 안타까움으로 아이들과 마주했던 것이
도리어 내 아이들을 울타리 안에 가두어버리는 셈이기도 했다.

그러나 지금은 다르다.
저 혼자 컴퓨터 프로그램들을 익혀가는 첫째를 보면서,
기막히게 인라인스케이트를 타는 둘째를 보면서,
가리는 음식 하나 없이 푹푹 숟가락질하며 잘 먹는 셋째를 보면서
엄마는 감탄하고, 감동하고, 감사하다.

시험 점수로 또래와 비교되는 나이대가 되었더라도
나는 이 녀석들이 혼자서 라면을 끓일 줄도 알고
계란말이와 쿠키를 만들 줄도 알고
설거지까지 마쳐놓는다는 것만으로도,
저 혼자 세수를 하고 양치를 하고 머리를 감고
샤워를 할 수 있게 되었다는 것만으로도,
별것 아닌 듯 보이는 그 일상의 일들을
아무렇잖게 곧잘 해내는 아이들을 보는 것만으로도
마냥 감탄스럽고 감동스럽고 감사하다.

아이들의 일상 속에서
"우와, 대단해! 짱인걸! 대박 잘해!"라고 감탄하며
물개 박수와 방청객 모드로 대견함을 표시하는 엄마를 보면서
아이들의 자신감도 으쓱으쓱,
별것 아닌 일에도 신이 나고 흥이 난다.

언제 올지 모를 입시, 취업이라는 미래를 미리 준비한답시고
죽어라 공부시키며 그래야 낙오하지 않고
네가 바라는 최상의 선택지를 고를 수 있고,
남들보다 우위에 서서 보다 나은 인생을
선택할 수 있는 기회가 주어지는 거라며
오직 공부에만 매달리게 했던 그때.
그때 받아온 숱한 상장들보다도,
"설거지까지 하다니 대단해!"라는 엄마의 한마디에 배시시 웃으며
"이쯤이야 뭐" 하고 의기양양해하던 아이의 모습에
훨씬 더 가슴이 벅차오른다.
남들보다 못한 것을 생각하며 한탄하지 말자.
행여 나쁜 친구들을 사귀어 엇나갈까 감독하지도 말고,
일기장을 들춰보며 뭔 생각을 하고 사나 감시하지도 말자.

엄마가 아이에게 해줄 수 있는 최고의 선물은

감탄과 감동과 감사일 것이다.
엄마가 아이에게 행할 수 있는 최악의 고문은
한탄과 감독과 감시일 것이다.

그저 지금 있는 그대로의 아이들 모습에
감사하며 살자.

엄마들,
그만 후회하자

14년간 엄마로 살아오면서 느낀 감정들은 대개
화, 짜증, 죄책감 같은 부정적인 것들이 많다.
아이가 내 뜻대로 되지 않아서 화가 나고
온통 널려 있는 집안일에 육아까지 겸하려니 짜증이 나고
그럼에도 못난 엄마 때문에
아이가 고생인 것 같아 죄책감이 들고.

그리고 엄마로서 가장 많이 느꼈던 것은 아마도 '후회'일 것이다.
낮에 한껏 아이들을 야단친 후

잠자는 아이를 보며 미안해하는 후회,
내 형편을 돌아보며 우리 아이들이 좀더 나은 형편의
좋은 부모 밑에서 태어났으면
이렇게 고생하지 않았을 텐데 하는 후회까지
후회하려고 들면 한도 끝도 없이 다 처음부터 잘못된 일이고
잘못된 결과가 되고 만다.

정말 지겨운 감정이다, 후회라는 것은.
이번에 잘못했으니 다음에 그러지 말아야지 하는 다짐으로
끝나는 후회도
어느 순간 도돌이표로 무한 반복되고 있고,
아까 아기가 놀아달라고 조를 때 놀아줄걸,
아까 화내는 대신 좋은 말로 달래볼걸.
이래저래 걸걸거리기만 하다 끝나버리는 하루.
'난 늘 이런 식이야'라고 자책하며 '난 엄마 자격이 없어'라며
무기력해지는 이 지긋지긋한 후회를 내려놓지 못해서
또 후회하는 어리석음.

엄마들은 아이들을 야단치거나 아이들에게 화내고 돌아섰을 때
가장 많이 후회한다.
허나 그것은 어쩌면 당연한 일인지도 모른다.

엄마는 후회할 줄 알면서도 후회할 짓을 한다.
힘들기 때문이다.
지쳐 있기 때문이다.

머리로는 그러면 안 된다는 걸 알고,
가슴이 그러지 말라고 막아서는데도
엄마들은 화가 나고 짜증이 난다.
그 어쩔 수 없는 감정들을 아이에게 쏟아붓고 난 후에
내가 왜 그랬을까, 그러면 안 되는데 후회하는 건
엄마가 못나서가 아니라 엄마가 그만큼 지쳐 있기 때문일 것이다.

아이 키우는 엄마의 후회 중 가장 무서운 후회는
'차라리 아이를 낳지 말걸' 하는 후회다.
아이를 키우면서 얻는 기쁨과 행복 같은
긍정적인 감정을 가질 때보다는
아이를 키우면서 겪는 고생과 같은 부정적인 경험이 더 많았기에
아이를 낳지 않았더라면 하는 후회가 드는 것이다.

어쩐지 나는 엄마 자격이 없는 것 같고,
어쩐지 나는 형편없는 엄마인 것 같다는 무력감이 들 때면
나는 가만히 아이들의 곁으로 다가가 아이들의 손을 잡거나

아이들의 머리를 쓸어주거나 한다.
아이들은 참으로 신기하게도 엄마인 나를 보면 언제나 웃는다.
엄마가 곁에 있어주면 늘 행복해한다.
그런 아이들을 보면서 나는 더이상 걸걸거리는 후회 따위나 하며
내 감정을 좀먹고 싶지 않다.

나는 이미 충분히 잘했다.
내가 생각한 대로 되지 않은 것은
내 의지로 어쩔 수 없는 것이었을 뿐이다.
내 의지로 어찌할 수 없는 것까지 후회하고 단식하며
이 좋은 날, 이 좋은 순간을 날려버리고 싶지 않다.

늘 모자란 엄마, 부족한 엄마라 생각하며
자신감 없이 아이들 곁을 맴돌기만 하는 엄마가 아니라
자신이 할 수 있는 최선을 다했다면
괜찮다. 그렇다면 이미 충분히 좋은 엄마다.

엄마는 완성형의 인간으로
어느날 갑자기 뚝 떨어진 존재가 아니다.
아이들과 함께 시행착오도 겪어가면서,
희로애락을 함께하면서

나는 이미 충분히 잘했다.
내가 생각한 대로 되지 않은 것은
내 의지로 어쩔 수 없는 것이었을 뿐이다.
내 의지로 어찌할 수 없는 것까지 후회하고 탄식하며
이 좋은 날, 이 좋은 순간을 날려버리고 싶지 않다.

엄마도 엄마로 자라나는 시간이 필요하다.

엄마로서 자라는 시간,
그 배움의 시간, 성장의 시간을 후회로 날려버리지 말자.

나는 이미 충분히 좋은 엄마다.
그리고 노력하면 할수록 더 좋은 엄마가 될 것임이 분명하다.
그 믿음 하나로 나는 오늘 조금 더 견딜 만해진다.

그만 후회하자.
나는 이미 충분히 좋은 엄마니까.

지금 바로 꼭 안아주는 것

첫째가 다섯 살이었던 어느 날.
아이의 방에서 재활용 쓰레기로 내어놓았던
도넛 박스를 발견했다.
박스 안에는 도넛 가루가 이리저리 흩어져 있고,
박스 표면에는 살짝 구김도 있었는데,
아이가 그 박스 안에 유치원 선생님께 드리는
편지를 넣어두었더랬다.
먹고 버린 도넛 박스에 편지를 넣어 선생께 드리는 것이
민망하다고 생각한 나는 편지만 남긴 채 박스는 내다 버렸다.

그랬더니 첫째의 표정이 시무룩해지면서 이내 우울해졌다.

아뿔싸, 먼저 아이에게 동의를 구하고 버렸어야 했나,
뒤늦은 후회가 들어 아이에게
왜 그 도넛 박스에 편지를 넣었느냐 물었더니
아이가 이렇게 대답한다.
"도넛 박스가 예뻐서 선생님 드리고 싶었어요"라고.

그 말에 나는 할 말을 잊었다.
아이에게 미안한 마음이 드는 것은 물론,
아이의 순수한 마음에 상처를 입힌 것 같아 민망해졌다.
내게는 그저 재활용 쓰레기로 내놓을 빈 박스였지만,
아이의 눈에는 알록달록한 그림이 그려진 예쁜 박스이고
자기가 좋아하는 선생님께 선물하고 싶은 멋진 박스였던 것이다.

선생님께 드리는 선물은 돈 주고 산 새것,
혹은 손수 만든 깨끗한 어떤 것이라는 기준에
도넛 가루 뿌려진 빈 박스는 맞지 않는 것이었지만,
아이의 눈으로 봤을 때 그 박스는 흔치 않은 예쁜 박스였고,
그 예쁜 박스 안에 자기가 선생님을 얼마나 좋아하는지
하트 뽕뽕 그림을 그려가며 쓴 편지를 담아

전해드리고 싶었던 것이다.

엄마가 생각하는 가치와 아이가 생각하는 가치가 달랐다.
아이가 소중하게 생각하는 것과
엄마가 소중하게 생각하는 것이 달랐던 것을 몰랐다.
10여 년간 육아와 일을 집에서 병행했던 나는
엄마가 이렇게라도 일을 해야 너희가 좋아하는
놀이공원도 갈 수 있고, 외식도 할 수 있는 것이라며 합리화했다.
아이들을 등 뒤에 두고서 컴퓨터 앞에 앉아 일을 하는 동안
아이들은 그리운 엄마의 얼굴이 보고파
자꾸만 모니터 사이로 빼꼼 고개를 내밀며 엄마를 찾기도 했고
잔머리 좋은 둘째는 엄마가 일하는 도중에
컴퓨터 전원을 꺼버리기도 했었다.

너희 먹이고 입히고 키우려면 엄마가 지금 일을 해야 하는데
왜 그걸 이해해주지 못하고 자꾸 방해만 하느냐며
야단을 치기도 했는데, 생각해보면 아이들이 원하는 것은
그리 거창한 것이 아니었다.

엄마, 일하시는 중이지만 저 한 번만 안아주세요.
엄마, 바쁘시겠지만 제 이야기 한 번만 들어봐주세요.

아이가 셋이라 출퇴근하는 대신 재택근무를 할 수 있는 것만도
큰 복이라 여기며 이런 일자리가 흔치 않기에 놓치지 않으려고
일을 하는 데 더 시간을 썼던 탓에
아이들은 늘 엄마의 뒷모습만 볼 수밖에 없었다.
그래도 나는 집에서 아이들과 같이 있을 수 있으니
얼마나 다행이냐 생각했지만
아이들의 생각은 달랐던 것 같다.
엄마의 몸만 한집에 있을 뿐,
진짜로 원하는 엄마의 시선과 마음은
컴퓨터 안으로 쏟아져 들어갔으니 말이다.

지금도 여전히 나는 집에서 일하는 엄마이지만
아이들은 예전처럼 엄마가 고프지 않다.
중1이 된 첫째는 엄마와 팔짱 끼는 것을 좋아한다.
그리고 같이 드러누워 핸드폰 게임 경쟁하기를 즐긴다.
초4가 된 둘째는 엄마랑 같이 자는 것을 좋아한다.
하루쯤 일을 서둘러 마무리하고 같이 누우면 된다.
일곱 살 셋째는 엄마가 자신의 양 볼을 감싸주는 것을 좋아한다.
이건 일을 하면서도 잠시 짬 내어 해줄 수 있는 간단한 일이다.

아이들이 원하는 것은 그리 거창하지 않다.

엄마의 시선이 잠시만 머물기를,
엄마의 손길이 따뜻이 닿기를,
엄마의 마음이 자신에게 향해 있기를 바라는 것,
단지 그뿐이다.

오랜 시간이 필요치도 않고,
큰 노력과 비용이 들어가는 일도 아니다.
우리 아이들을 바라봐주는 것,
그리고 아이들이 진정으로 원하는 것을 해주는 것,
지금 바로 따뜻한 품에 꼬옥 안아주는 것,
아이들이 원하는 엄마는 그것만으로도 충분하다.

PART 04

울트라 슈퍼 엄마가
아니어도 괜찮아

엄마는 괜찮지 않다

사람들은 묻는다.
아이 하나 키우기도 힘든데, 어찌 셋이나 낳았냐고.
처음부터 가족계획이 있었던 건 아니니,
어쩌다보니 셋이 되었다는 표현이 맞겠다.
아무것도 모르는 스물넷 어린 엄마가
갈팡질팡 키웠던 첫째,
큰놈 돌보느라, 칭얼대는 막내 어르느라 잘 챙겨주지 못했던 둘째,
언니들의 도움을 받아 비교적 수월하게,
거저 키운 느낌마저 드는 셋째.

지난 14년간 나는 세 아이를 키웠고, 살림하는 가정주부였고,
재택근무로 밤을 새워 일하는 워킹맘이기도 했다.
아이 셋을 키우고 살림하며 거기에 일까지 하는 나를
사람들은 대단하다고 했다.
육아면 육아, 살림이면 살림, 일이면 일,
모두 다 척척 잘해내는 슈퍼맘이라고
나를 육아 체질, 살림 체질로 보았다.

아니, 나는 괜찮지 않았다.
나도 다른 엄마들처럼 똑같이 헤맸고, 똑같이 힘들었고,
똑같이 고민하고 노력했다.
어쩌면 더 헤맸고, 더 힘들었고,
더 고민하고 노력했을지도 모른다.
이제 와 사람들이 아이 셋 키우는 일이 어땠냐고 물어오면
세 놈이 제각각 다른 매력이 있어 키우는 재미가 있다고,
아이 셋 낳기를 참 잘했다고 하지만
돌이켜 생각해보면 정말 숱한 인고의 나날과
고난의 연속이었다.

아무도 알아주지 않는 일,
누구나 다 저절로 그리되는 줄로만 아는 일,

그게 육아이고, 살림인 것 같다.

둘째를 낳고 나서 어느 날엔가 남편에게 아이들을 맡기고
초등학교 시절부터 절친했던
미혼인 친구를 만나러 간 적이 있었다.
나는 평소와 다름없이 주저리주저리 한참을 떠들고 있었는데,
나를 가만 보던 친구가 내게 이 한마디를 던졌다.
"너 괜찮아?"

수다 떠는 와중에 뜬금없이 나더러 괜찮냐니 무슨 뜻이지?
내가 뭔가 이상해 보였나? 하는 의아함과 함께
"어, 나 괜찮아. 왜?"라고 대답하려다보니
순간 말문이 막히고 머리가 멍해지면서
갑자기 눈물이 툭 떨어졌다.
어? 잠깐만. 나 괜찮나……? 지금 괜찮은 건가……?

내가 평소보다 조금 들떠 있는 듯 보였을 뿐임에도
단지 그뿐만은 아닌 것 같은,
다른 무언가가 있음을 그 친구는 보았다.
나도 미처 깨닫지 못한 무언가를 그 친구는 본 것이다.

그리고 나도 그것이 무엇인지를 볼 수 있었다.
실은 내가 지금 굉장히 지치고 힘들고 슬프다는 것을,
그런데도 아닌 척, 꽁꽁 가두려고만 하고 있었다는 것을,
내가 지금, 괜찮지 않다는 것을.

실컷 아이들 자랑에, 남편 자랑을 늘어놓고,
또 실제로도 나는 너무도 예쁜 아이들에
멋진 남편과 함께 살고 있지만,
그럼에도 불구하고 나는 왠지 힘들고 지치고 외롭다는 사실을
"너 괜찮아?"라고 묻는 친구의 한마디에 깨닫게 되었다.

너무도 간단한 질문 하나에 치유가 시작되었다.
내가 어떤 상태인지를 아는 것,
내가 어떤 마음인지를 아는 것.
참으로 간단한 질문, "괜찮아?"라는 그 한마디에 말이다.

"나는 내가 다른 사람들처럼
행복하다고 느끼지 않는다"라는 말에
'그렇다'고 동의했다면 거기서부터 치유가 시작된다.
내가 지금 행복하지 않다고 느끼는 상태를
"아는 것"으로부터 말이다.

나는 요즘도 줄곧 나 자신에게 묻곤 한다.
"너 괜찮아?"
그럼 나는 답을 한다.
어, 나 괜찮아.
아니, 나 안 괜찮아.
그러고는 계속 질문을 이어간다.
왜 안 괜찮아? 슬퍼? 속상해? 화나? 외로워?

내가 나 스스로에게 계속 질문하고 대답을 해나가다보면
스스로 답을 찾고 치유되는 때가 있다.
너무 내몰렸을 때는 그런 문답을 떠올릴 겨를도 없지만,
차분히 마음을 가라앉히고 나 자신과의 대화를 이어가다보면
아무렇지 않게 풀려버리는 경우도 많았다.
그 시작의 질문이 바로 "너 괜찮아?"였다.

누군가로부터 위안을 받는다는 건 쉬운 일이 아니다.
남편에게도, 아이에게도 마찬가지다.
타인에게서 치유받고자 하면 오히려 더 상처받게 되기도 하고
때로는 위안을 기대했던 나에게 훈계 아닌 훈계와
질타가 되돌아오는 경우도 빈번하다.
그럴 때면 나는 더 움츠러들고 더 꽁꽁 숨으려고만 들었다.

그래서 내게 묻는다.
"너 괜찮아?"라고.
스스로를 감싸 안는 것,
스스로를 보듬는 것
그게 가장 큰 위로일 거란 생각으로
'나'를 늘 살핀다.

이제 와 생각하면 조금 더 놓아도 되었을 것을,
조금 더 느슨해도 괜찮았을 텐데 하는 생각이 든다.
나는 엄마로서의 나 자신에게 너무도 가혹했다.

아이들을 돌보는 시간의 다만 10분의 1만이라도 내게 썼다면
나는 좀더 즐겁고 행복한 육아를 할 수 있었을 텐데 하는 생각.
아이를 키우는 시간의 10분의 1만이라도
나를 키우는 데 썼더라면 아이와 함께 나도 자라나던 그 시간들이
훨씬 더 신나고 행복하게 기억될 수 있었을 텐데 하는 생각.

완벽한 엄마가 되기 위해
완전함을 추구하려다
안정감을 놓친 것은 아니었을까.

지금 아이를 키우는 엄마들.
모두, 괜찮은 걸까?

그립고 또 그리운 육아전쟁

#1
안방에서 일하다가 물 한 컵 뜨러 거실로 나가니
소이가 작은방에서 바쁘게 두 손을 눈에 비벼가며
훌쩍훌쩍 울고 있다.
깜짝 놀라 우리 소이 왜 우냐며 달려가니,
자기가 노느라 바빠서 실수로 바지에 오줌을 쌌는데
아빠가 오줌싸개라고 놀려서 그렇단다.
엄마는 엄하고 호된(척 하는) 목소리로
"누가 우리 소이를 놀려! 엉?!

아빠! 소이한테 사과해 빨랑!" 하며
소이 들으라고 아빠를 야단치는 척하며 소이를 달랜다.

"소이야, 옷 벗어.
그리고 엄마랑 같이 시원하게 샤워하고
새 옷으로 갈아입자. 그럼 되지 뭐. 그치?" 하며
소이를 달래어 씻기고,
아빠는 어서 소이의 새 옷을 대령하라! 명하며 소이를 달랜다.

아까부터 울음을 멈춘 소이는 의기양양, 당당한 표정으로
엄마의 지원사격에 힘입어 자신을 놀렸던 아빠를 응징하듯
귀엽게 째려본다.

#2
대소변을 못 가리는 게 당연했던 때가 있었다.
아이가 아무데나 응가를 해놓고도
'이게 뭐 어때서?'라는 표정으로 해맑게 웃던 때가 있었다.
나 역시도 그게 너무 당연해서 아무렇지 않았던
그런 때가 있었다.

우는 게 일이던 때가 있었다.

귀찮아도 울고 짜증나도 울고 잠에서 깨서 울고
이유 없이도 울던 그런 때가 있었다.

어느 순간 다 커버린 아이들을 느낀다.
바지에 실수로 오줌을 쌌다고 창피해 우는 아이,
그렇게 아이가 '우는 것'에 깜짝 놀라는 엄마.
이제는 아이가 우는 일은 심상치 않은 일이다.
어지간해서는 아이들이 울 일이,
또는 울어야 할 일이 없는 요즘이다.

중1, 초4, 그리고 일곱 살.
방학이라 내내 집에만 붙어 있을 줄 알았던 녀석들이
저마다의 스케줄이 얼마나 바쁜지 모른다.
친구 누구와 놀러 가기로 한 약속,
도서관에 가는 일, 방학 특강에 가는 일 등
그 모든 것들을 아이들 스스로 한다.

데려다줄 필요도,
데리러 갈 필요도 없다.

아이들은 혼자 버스를 탈 줄도 알고

혼자 도서관에서 책을 대여하고 반납할 줄 알고
저마다의 스케줄이 있고
저마다의 할 일이 늘 있다.

#3
올빼미족이었던 내가 아침형 인간이 되어 내심 뿌듯한 요즘.
방학이라 다들 늦잠에 널부러져 있을 줄 알았던 거실에
덜렁 남편 혼자 누워 있다.
아이들은 다 어디 갔냐 물으니
솔비는 사물놀이 연습을 갔고
예린이는 친구 누구랑 어디를 간다 했고
소이는 방에서 색칠놀이를 하고 있단다.

그 상황이 왜인지 몹시도 당황스러웠다.
아이들이 내 손에, 내 품에 이제 없다.

지금 백일쟁이 둘째를 키우는 친구 말을 빌려
"똥도 내 맘대로 못 싸게" 엄마만 찾아 울어대고,
엄마 없는 세상은 상상도 할 수 없을 것처럼
엄마만 찾던 녀석들이
이제는 엄마 없이도,

아니 때로는 엄마가 없는 게 더 좋은(게임을 실컷 할 수 있어서)
이런 때가 왔다는 것을 실감하니
그렇게나 서운하고 아쉬울 수가 없다.

되게 후련할 줄 알았는데,
되게 속 편할 줄 알았는데
되게 아쉽고
되게 서운하다.

그나마 잠자리에 들 때,
오늘은 엄마랑 자야지 해주는 막둥이가
눈물 나게 고마울 정도로
더이상 엄마를 찾지 않아도 되는,
스스로 제 일상을 영위해나가는 아이들을 보는 것이
이런 서운함과 아쉬움을 느끼게 할 줄은 상상도 못 했다.

#4
태어난 지 한 달 된 소이를 유모차에 태우고
기저귀와 물티슈와 손수건과
혹시 모르니 젖병, 분유, 보온병을 챙겨서
갓 1학년이 된 솔비 하교 시간에 맞춰 솔비를 데리러 가고,

그 옆의 유치원으로 가 예린이를 기다리고,
솔비야, 예린이 손잡고 앞서가렴 하고
그 뒤를 유모차 밀며 종종 쫓아가던 때가
불과 얼마 되지 않은 것 같은데.

소이는 젖 달라고 울지,
예린이는 심심하다 징징대지,
솔비는 숙제 도와달라 요구하지,
어디서부터 뭘 어떻게 해야겠는지 모를 애 셋 독박육아에
아오, 죽겠다, 죽겠다 하면서도
어찌어찌 하루하루 살아지던 때가 있었는데.

이제는 배고프면 저 혼자 알아서 밥상 차려 먹는 소이에
심심하면 친구한테 전화해 놀러 나가는 예린이에
나보다 더 능숙하게 파워포인트를 쓰며
컴퓨터 앞에 앉아 있는 솔비를 보고 있자니,
무언가를 잃어버린 듯한 상실감마저 들 정도로
다 커버린 녀석들이 기특하고 뿌듯한 한편
어마무시하게 서운하고 아쉬운 마음도 든다.

#5

불과 한두 달 전?
도토리 키 재기 같았던 솔비와 나의 키 차이가 엄청나게 벌어졌다.
솔비 키가 지금 170센티미터란다. 내 키는 161센티미터다.
솔비는 날 볼 때마다
"내가 엄마보다 더 크지롱!" 한다.
그럼 나는 "커서 좋겠다, 쳇" 한다.

쳇, 좋겠다. 나보다 커서.
난 네가 나보다 커서 너무 아쉬운데.
난 내 품 안에서 꼬물거리던 네가
아직도 아른아른한데.
혀 짧은 소리로,
엄마 이래쪄여, 저래쪄여 했던 네가
내게는 아직도 선명한데.

참 전쟁 같다 생각했던 꼬물쟁이들 키우던 그때가
이토록 그리워질 날이 올 줄은 미처 상상도 못 했다.

지금,
내가 그리워하는 그 시기를 지나고 있을
엄마 동지들에게 이 글이 응원이 되었으면 좋겠다.

그리워집디다.
참으로 아쉬워집디다.
그 꼬물이들이,
요 징글징글하게 말 안 듣는 것들이
고것들이 참으로 그립고, 아쉬워집디다.

행복합시다.
바로 지금.

언젠가는 마냥 그립고, 아쉬워지기만 할
바로 오늘을.

의외로 아이들은 엄마가 필요하지 않다

요즘 나는 갱년기 우울증 비슷한 감정을 느끼곤 한다.
왠지 외롭고, 우울하고 세상 혼자 사는 것만 같은 이 기분은
갱년기에 접어든 우리 어머님들이 느끼는
감정이지 않을까 싶다.

요즘 나는 엄마로서 할 일이 별로 없다.
특히나 4년 전부터는 남편이 전업주부가 되어
아이들을 챙기다보니
더더욱 아이들에게 내 손이 갈 일이 없다.

중1, 초4, 일곱 살인 세 따님은
하나같이 스케줄이 어찌나 바쁜지
그 흔한 가족 외식 하는 날 한번 잡기도 힘들 정도로
오늘은 누구 만나러 가는 날, 오늘은 독서교실 가는 날 등등
참 할 일도 많고 바쁘기 그지없다.

예전엔 과제를 할 때라든가 혼자 놀이를 할 때에 간혹
"엄마 도와주세요, 이것 좀 해주세요"라는 소리라도 했건만.
이제는 컴퓨터를 쓸 때도 엄마는 필요 없다.
스스로 윈도우도 싹 밀고 새로 깔 수 있을 기세다.
허구한 날 "엄마, 이거 뭐야? 이거 뭐야??" 하며
귀찮게 하던 녀석들이
이제는 네이버 지식인에서 답을 구한다.
"엄마 이거 해줘, 저거 해줘" 하던 녀석들이
이제는 돈만 쥐여주면 직접 문구점에서 재료를 사다가
뚝딱 해치운다.
"엄마 배고파요, 밥 주세요" 하던 녀석들이
저희끼리 김치볶음밥을 만들고 김치전을 부치고,
샌드위치를 만들어 먹으면서 설거지까지 완전히 끝내놓는다.

아이가 몇 살쯤 되면 혼자 샤워를 할 수 있을까,

언제쯤이면 설거지를 하고,
라면 정도는 알아서 끓여 먹을 수 있을까
막연하게 생각했던 일들이 현실로 나타나고 보니
애들한테 손 가는 일이 적어지면
불행 끝, 행복 시작일 줄 알았던 마음이
어딘가 모르게 시리다.

모둠별 과제를 하기 위해 우리 집에 모인 솔비와
대여섯 명의 친구들에게 간식 해줄까?
아니면 피자 시켜줄까? 물으니 급식 먹고 왔다고 괜찮단다.
그럼 주스라도 줄까? 했더니 또 괜찮단다.
거실 컴퓨터 앞에 모여 이러고저러고
숙제 이야기를 하는 아이들을 위해
나는 슬그머니 안방에 들어앉아
아이들에게 방해가 되지 않게 조용히 숨어 있었다.
그런데 오히려 존재감 없는 엄마가 됨으로써
나는 아이들에게 참 좋은 엄마가 되었다.
괜히 이거저거 챙겨준답시고,
과제 도와준답시고 참견하고 간섭하는
민폐는 끼치지 않았으니 말이다.

막둥이가 만 17개월일 때의 충격 실화가 생각난다.
모두가 거실에서 잠든 어느 밤,
막둥이가 애앵 우는 소리 한번 안내고
부스스 혼자 일어나 앉더니
탁 일어서서 정수기 앞으로 터벅터벅 걸어간다.
그러고는 정수기 앞에 컵을 대고 쪼르르 물을 따라 마신 후
그 어둠 속을 헤치고 다시 제 자리로 돌아와 눕는다.

헐……
엄마가 빨대컵 대주지 않으면 물도 못 마시는 줄 알았던 놈이,
낮에는 "엄마 물 쥬세요" 하며 물 대령하라 명령하던 놈이 실은
스스로 정수기를 사용할 수 있다는 사실에 놀랐다.
그때의 놀라움은 막둥이가 일회용 기저귀를 찌익 떼어내고
유유히 변기에 올라앉던 때보다 더 컸다.

강연 때문에 밤늦게 집에 돌아온 엄마에게 아빠가 말한다.
솔비가 오늘 생리를 시작했다고.
여자아이들은 보통 가슴이 생기기 시작한 후
1년쯤 후에 생리를 시작한다는 말에
6학년 말쯤 시작되겠거니 짐작하고서
평소에 생리가 터지면

놀라지 말고 침착하게 행동하라고
여러 방법을 알려주고 당부도 해왔었다.
늘 가방 안에 생리대를 넣어주고, 사용법도 알려주고
혹 배가 아프거나 하면 보건실을 찾아
도움을 청하라고 대비를 했건만
실제로 그때가 되자 엄마인 내가 되레 놀라고 호들갑을 떨었다.
마냥 어린애인 줄만 알았던 녀석이 여자의 몸이 되었다는 것에
이루 말할 수 없는 복잡 미묘한 기분이 들면서
저 무덤덤한 녀석이 뒤처리는 잘할 수 있을까?
생리통이 심하지는 않을까? 혼자 걱정하고,
"배 안 아파? 허리는 괜찮아? 오버나이트 줄까?
소형 날개로 되겠어? 생리 어플 날짜 체크했지?" 하며
혼자 난리 부르스인 엄마와
이까짓 게 뭐라고 엄마가 저리 호들갑일까 무덤덤한 큰딸.

슬쩍 화장실 휴지통을 보니 휴지로 생리대를 돌돌 말아
알아서 깔끔하게 처리한 것도 보이고,
첫째 날 둘째 날 상태를 빼꼼 체크하는 엄마에게
마냥 괜찮다고만 하는 녀석을 보니
뭐랄까, 뭔가 여자들만의 생리 유대감(?)이 있어야 하는데
깊은 이야기를 나누지 못하는 게 이상하게 서운했달까.

"엄마 저 생리통 있나봐요, 약 먹어야 해요?"
같은 거라도 물어봐주고
"엄마 도와주세요" 하지 않는 큰딸에게 묘하게 서운한
이 느낌은 뭘까.

외동아이라면 엄마가 필요한 시간이 좀더 길었을지 모르겠다.
아이가 셋이 되고 보니 엄마의 손을 떠나는 시기가
더 빨랐던 것 같다.
동생들은 엄마 대신 언니의 도움을 받으며 자라기도 했고,
엄마가 가르쳐주는 것보다 언니들이 가르쳐주는 것이 더 많았다.
엄마가 염려했던 것보다 아이들은 훨씬 더 잘했다.
의외로 아이들은 엄마가 별로 필요하지 않았다.

아이들이 엄마 손을 타지 않고도
스스로 옷을 챙겨 입고 학교에 가고,
샤워를 하고, 머리를 감고, 손톱 발톱을 깎는 일들이 시작되면서
나는 홀가분한 마음보다는 아쉬운 감정이 더 커졌다.
언제는 하루종일 애 끼고 사는 게 사람 할 일이 아니라며
그리 죽는소리를 해대더니,
이제는 도리어 애들이 엄마를 안 찾아서 서운한 아이러니.
아이들과 부대끼며 정신없이 살아가는 육아전쟁은

아주 잠깐의 한때일지 모르겠다.
그리고 그 징글징글했던 육아전쟁이 사무치게 그리워지는 때도
의외로 빨리 올지 모른다.
엄마 쭈쭈를 디밀며, "우리 막둥이, 맘마" 하자
못 볼 것을 봤다는 듯 도리질을 치며 도망가는
일곱 살 막둥이에게 일말의 배신감을 느끼며
오물오물 쭉쭉, 꿀꺽꿀꺽 엄마 젖을 삼키던
그 꼬물쟁이들을 잠시 그리워해본다.

짧다. 정말 짧다.
내 품 안에서 쌔근쌔근 잠자는 아이를 꼭 안아주는 시간,
내 맘대로 똥도 못 싸게
화장실까지 기어 들어오는 아이를 물리치는 시간,
귀가 따갑도록 "이거 뭐야? 이거 뭐야?" 물어대는
꼬맹이들과 입씨름하는 시간이 말이다.

놓치면 너무도 아쉬울지 모를 지금 이 순간,
더 흠뻑 사랑하고 더 꼭 안아주기를.
아이들이 엄마 품을 파고드는 시간은 의외로 짧다.

놓치면 너무도 아쉬울지 모를 지금 이 순간,
더 흠뻑 사랑하고 더 꽉 안아주기를.
아이들이 엄마 품을 파고드는 시간은 의외로 짧다.

남편을 내 편으로 만들기

아이들의 교육에는 세 가지가 필요하다고 한다.
할아버지의 재력, 엄마의 정보력, 그리고 아빠의 무관심.
어떤 육아서 저자는 이런 말도 했다.
아빠는 육아에서 부차적인 존재라고,
오히려 방해만 되는 존재라고.
육아는 오롯이 엄마의 몫이자, 엄마의 공로라고.

그 옛날 우리 어린 시절을 떠올려보면
안방에는 늘 작은 소반 위에

아버지의 담배와 재떨이가 있었다.
집 안 어느 곳에서든 아버지는 담배를 피울 수 있었고,
아버지가 싱크대 앞에 서는 일은 본 적이 없다.
하루 일을 마치고 돌아오신
아버지의 휴식을 방해하지 않기 위해 주의했고
어머니와 나이 어린 자식들은 그렇게 아버지를 모셨다.

그 시절을 기억하는 사람들은 아직도
육아에 아빠의 역할은 없다고 말한다.
그러나 시대가 바뀌었다.
아버지는 이제 안방은커녕 베란다에서조차 담배를 피울 수 없다.
아니, 밖에서 피운 담배 냄새가 옷에 밴 것만으로도
타박을 받는다.
그 옛날 아버지의 권위는 월급봉투에서 나왔다.
그러나 지금의 아버지들은 월급봉투를 던져주는 것만으로는
힘을 갖지 못한다.
가족들 위에 군림하는 왕의 자리는 더더욱 아니다.
부부는 서로 자신의 직업 생활을 하면서
육아, 가사를 분담하며 힘을 합쳐 살아가야 하고,
아이들과 아빠의 친밀감이 중요한 세상이 되었다.

한번은 이런 일이 있었다.
그날은 내가 완전히 삐뚤어진 날이었다.
애고 집안일이고 다 내 알 바 아니고,
내가 왜 이렇게 살아야 하는 것이며 나란 존재는 대체 무엇인지,
이 지긋지긋한 쳇바퀴 생활에 우울함을 넘어선 독기가 서리면서
'누구든 오늘 나 건드리기만 해봐' 하는 심정이 되었더랬다.

그래서 나는 싱크대에 설거지를 가득 쌓아놓고,
빨래통에 넘쳐나는 빨랫감을 무시하고,
책이며 블록이며 온통 늘어놓고 집 안을 엉망진창으로 만든 채
저희끼리 놀고 있는 아이들을 등 뒤에 두고서
컴퓨터게임을 하고 있었다.
곧 퇴근해 돌아올 남편의 저녁 준비도 내 알 바 아니었다.

그런 상황에서 남편이 집에 들어섰다.
집 안 꼴이 말이 아니다. 애들은 방치된 채로 있다.
그런데 마누라는 컴퓨터게임 한다고
모니터만 뚫어져라 보고 있다.

보통 이 상황에서 예측할 수 있는 남편의 반응은 이런 것일 테다.

1단계: 너 지금 뭐 하냐?
2단계: 너 제정신이야?
3단계: 네가 미쳤구나.
뭐 이 정도 반응을 예상할 수 있겠고,
나는 그 예상 시나리오에 맞게
'한마디만 해봐. 확 질러버릴 거야'라고 맘먹고 있었다.

"나는 맨날 이러고 살아야 해?! 이게 사는 거야?!
나도 힘들어 죽겠다고. 미치겠다고.
애 키우고 살림하는 게 사람 환장하게 한다고!"라고
소리 지를 태세였다.

그렇게 맘먹고 있는데 남편이 내게로 온다.
그러고는 예상 밖의 말과 행동을 한다.
남편은 컴퓨터 모니터를 뚫어져라 쳐다보는 내 곁으로 다가와
내 머리를 몇 번 쓰담쓰담 하더니만
"이그, 우리 마누라. 오늘 디게 힘들었구나?" 한다.

이 예상 밖의 반응에 나는 와르르 무너졌다.
어…… 이게 아닌데…… 이 반응이 아닌데……

남편의 말은 이런 뜻이었다.
내가 아는데, 우리 마누라가 얼마나 열심히 사는지 내가 아는데,
아이 키우랴, 살림하랴 그것만도 힘든 와중에
회사 일까지 하면서,
아이 키우는 것도, 살림하는 것도
그 누구보다 더 열심히 하려고 기를 쓰고
악착같이 열심히 사는 거,
그거 내가 아는데,
그런 우리 마누라가 오늘은 그것마저
다 내려놓고 팽개치고 싶을 만큼
그만큼 힘들어서 이러고 있구나라는 의미였다.

그러더니 남편은 아이들에게,
"오늘은 아빠가 저녁 해줄 테니까
책이랑 장난감 좀 같이 치워줄래?" 하고는
넥타이도 풀지 않은 채로 싱크대로 가
설거지를 하고 저녁 준비를 한다.

나는 컴퓨터 앞에서 망부석이 되었다.
지금이라도 가서 내가 저녁 준비 한다고 해야 할까……
아니면 이 삐뚤어진 콘셉트를 계속 유지해야 할까……

'아닌데…… 실은 나 오늘 그렇게까지 힘들진 않았는데' 하고
속으로 계속 푹푹 찔려하면서
그럭저럭 상황이 무마되었던 것 같다.
그리고 그다음 날은 어땠을까?
나는 평소보다 더 힘이 났고, 더 즐거웠고,
청소도 훨씬 더 깨끗하게, 저녁 준비도 더 기똥차게 했다.

남편의 역할, 아빠의 역할 또한 엄마의 역할 못지않게 중요하다.
남편은 아내를 하인 부리듯 하는 왕의 자리에서 내려와
아내를 다독이고 품어줄 수 있는 따뜻한 사람이어야 하고,
엄마 대신 아이들과 시간을 보낼 수 있을 만큼
육아 지식과 아이들에 대한 애정을 가진 사람이어야 한다.

월급봉투만 던져주는 남편은 매력 없다.
언제든 아이들의 일을 함께 상의할 수 있고
지친 아내를 다독여줄 수 있는 남편,
남의 편이 아닌 내 편이 되어주는 그런 남편이 있었기에
나의 10여 년 독박, 고립육아는 제법 할 만한 것이 되었더랬다.

남편을 적으로 돌리지 말아야 한다.
허구한 날 술을 마시고 들어온대도,

돈을 번다는 핑계로 집안일에 관심이 없대도
남편은 언제나 내 편일 수 있도록 끝없이 회유하고,
부탁하고, 요청해야 한다.
육아에서도 '우리의 아이'를 키우는 일임을 기억하고
함께 살아가야 함을 잊지 말아야 한다.

남편이 내 편이 되는 순간.
엄마는 천군만마 이상의 힘을 얻는다.
아이들을 어르고 달래기 이전에
남편을 어르고 달래어 내 편으로 만들자.
남편만큼 큰 지원군은 없다.

행복한 어른이 되는 꿈

요즘 초등학교 아이들의 장래 희망 1순위가 공무원이라고 한다.
안정된 직장, 편안한 일자리,
통장의 잔고가 넉넉할 직종을 선호하는
엄마들의 바람이 담긴 장래 희망이
바로 아이들의 희망이 된 듯하다.
그래서 우리는 그토록 죽을힘을 다해 좋은 대학 입학을 목표로
수능 고득점을 위해 달리는,
좋은 대학, 좋은 직장을 가기 위한 교육에 열을 올린다.
우리는 실상 아이의 미래 직업을 위한 교육을 하고 있는 것이다.

그런데 그렇게 죽을힘을 다해 공부한 청년들이
일자리를 찾지 못해 문제라는 뉴스가 들린다.
국가고시는 경쟁률이 몇 백 대 1이고,
나이 서른이 다 되도록 여전히
좋은 직업을 얻기 위한 공부를 하는 청년들이
사방 천지에 널리고 깔렸다.
취업률이 낮을수록 엄마들은 불안해한다.
그래서 아이들이 더 좋은 성적을 받을 수 있도록
좋은 학교, 좋은 학원을 수소문해가며 교육 문제를 고민한다.

20년 전의 우리는 내 손안에 컴퓨터가 들어오게 되리라고는
상상도 못 했다.
우리는 지금 손안의 컴퓨터, 스마트폰을 통해
일일이 열거할 수도 없는 많은 변화를 겪었다.
그러니 앞으로 20년, 아니 10년 이후의 세상이 어찌 변할지
우리는 가늠할 수 없다.
모두가 그토록 꿈꾸던 공무원, 대기업 임원 자리를
컴퓨터나 프로그램이 대체한다면
우리가 원하는 편안한 미래, 보장된 미래,
성공적인 미래는 장담할 수 없다.

그러나 아무리 세월이 흘러도 결코 변할 수 없는 한 가지가 있다.
바로 '창작'에 관한 일, '창의성'을 필요로 하는 일들은
오직 사람만이 할 수 있는 것이고
컴퓨터나 프로그램은 하지 못할 것이라는 점이다.

우리 둘째는 첫째에게는 없는 운동신경과 미적 감각을 타고났다.
이 녀석은 굳이 공부를 잘하지 못하더라도
나름의 특출난 개성과 매력으로 자신을 어필할 줄 알고,
나름의 행복한 나날을 보내고 있다.
"너 나중에 공부 못해서 좋은 대학교도 못 가고,
좋은 직장도 못 가면 어떡하려고 그래"
"나중에 너 하고 싶은 일 생겼을 때
성적이 안 돼서 못 하게 되면 어쩌려고 그래"라고 물으면
둘째는 대답한다.
자기는 편의점 알바도 하고 싶고,
공사장 벽돌 짐도 날라보고 싶다고.
그렇게 돈 벌어서 한 달 정도 여행 갔다 오고,
또 새로운 직업을 경험해보고,
돈은 그렇게 벌어서 그냥 하고 싶은 일 하고 살면 될 것 같다고.
이게 초등학교 1학년 때 둘째의 대답이었다.
수학 문제집만 스물일곱 권을 끼고 살았던 첫째의 3학년 때에는

상상도 할 수 없었던 대답이다.
둘째의 대답에 내가 크게 반박할 수 없었던 것은
둘째가 꿈꾸는 그런 삶 또한
그다지 나빠 보이지 않았기 때문이다.
현재의 대학 입시만 봐도 상위 1퍼센트가 아닌
상위 0.01퍼센트에 들어가기 위한 경쟁을 하지만
그렇게 어려운 공부를 하며 힘든 경쟁을 통해
사회에 나온 청춘들이 취직을 못해
취업 포기, 결혼 포기, 출산 포기 등등의
사회 문제가 생기는 것을 보면
공무원, 대기업 직원이 되라고
지금 이렇게까지 공부를 시키는 게 과연 옳은 길일까 싶어진다.
꼭 특목고에 가야 할까? 꼭 상위권 대학을 나와야 할까?
영어를 꼭 잘해야만 할까? ……

요즘 TV 프로그램의 대세는 '셰프'다.
한때 요리사, 주방장 정도로 불렸던
셰프의 위상이 이렇게 커질 줄 누가 알았을까.
기껏해야 한글 문서 몇 장 넣을 수 있었던
플로피디스크 세상에서
빅데이터로 키워드를 뽑아내는 정보의 시대가 열릴 줄

누가 감히 상상이나 했을까.
그렇게 세상이 몇 번이나 뒤집히고 바뀌더라도
결코 변하지 않는 것은 한 사람의 내재된 힘이다.
우리 아이들이 자신이 좋아하고
신나서 할 수 있는 일을 찾을 수 있고
그것을 쫓아 실행할 수 있는 열정과 노력을 갖추고 있다면
그것으로 이미 세상에 나갈 준비는 마친 것이다.

부모가 준비해주어야 할 아이들의 장래는
좋은 직장이 아니다.
그 좋은 직장에 들여보내기 위해 미리부터 경쟁시키고
남들보다 더 우위에 서기 위한 정답 고르기 공부를 시키고
좋은 학교 나와 좋은 직장에 취직하게끔 이끌어주는 것이
부모 역할의 전부가 아니다.

엄마 아빠처럼 살지 말라고 당부하는 것이
엄마 아빠의 최선이 아니다.

아이들 안에 숨겨진 재능, 꿈,
그것들을 펼칠 수 있도록 믿고 바라봐주는 일,
기다려주는 일, 응원해주는 일.

그것이 보다 나은 부모의 역할이지 않을까.
세상에 미천한 직업은 없다.
그 어떤 직업이든 모두를 위해 필요한 자리일 것이고
그 일들을 묵묵히 해내는 사람들이 있기에
우리 사회가 제대로 돌아갈 수 있는 것이다.
그런 사회 속에서 우리 아이가 자신이 좋아하는 일을 하며
자신의 삶을 즐길 줄 아는 어른이 된다면
엄마 아빠가 이루지 못한 진정한 꿈,
좋은 학교, 좋은 직장에 가서 돈을 많이 버는 꿈이 아닌
행복한 어른이 되는 꿈을 이루게 될 것이다.

번지점프대 위에 아이를 세우다

첫째가 6학년 때, 조금 이른 사춘기가 왔다.
방에 혼자 틀어박혀 있는 시간이 많고 말수도 적어지고,
아무렇지 않은 말 한마디에도 눈물을 글썽이던 첫째가
어느 날 엄마 아빠에게, "저 요즘 좀 우울한 것 같아요"라고
말을 꺼냈다.
자신의 감정 상태를 말해주는 첫째에게
고마운 마음이 먼저 들었다.
그리고 그런 말을 편하게 할 수 있는 부모자식 간이라는 것도
감사했다. 내가 어렸을 때라면 상상도 못 했을 일이다.

"저 우울한 것 같아요"라고 말을 꺼냈다면
"쪼끄만 게 뭐가 우울해?" 하시거나
그냥 흘려버리고 말 분위기였다.
우리 부모님들은 그렇게 표현이 서툰 분들이었으니까.

우리 첫째 딸, 솔비에게 물었다. 왜 우울하냐고.
솔비가 답한다. 그냥 공부도 잘 안 되고 괜히 눈물만 나려 한다고.
그런 솔비를 위해 나는 2박 3일의 휴가를 냈다.
솔비의 학교에도 체험학습 허가원을 내고 학교 수업을 빼먹고서
모녀는 한가로운 평일에 춘천행 기차에 올랐다.
"가자, 솔비야. 너에겐 휴식이 필요해."

처음에는 경치 구경도 하고 함께 두 손 잡고 산책도 하면서
오랜 대화, 깊은 대화를 하는 것이 내 목적이었다.
그런데 남이섬에 도착한 솔비가 대뜸 번지점프를 하고 싶단다.
나는 필사적으로 말렸다.
"솔비야, 저거 밑에서 보는 거랑 위에서 보는 거랑 완전 달라.
저기 올라가면 다리가 후들거려서 아무것도 못 해.
못 뛰고 그냥 내려오면 그게 더 무서워."
가뜩이나 작년에 사고가 있었다는
하필 그 번지점프대에 오른다고 하니

내 머릿속에는 별별 생각이 다 들었더랬다.
안전장비가 제대로 안 채워져서 뚝 떨어지면 어쩌지?
저거 줄 끊어지면 어떡해?
줄 반동 잘못 받아서 철제 구조물에 부딪히기라도 한다면?
'번지점프=추락사'로만 생각이 드는 내게 솔비는 번지점프 안 하고
그냥 집에 가면 계속 후회될 것 같다며 나를 설득했다.
마지못해 허락한 나는 번지대 밑에서 이제나저제나
우리 딸 언제 떨어지나(?) 마냥 기다리기만 했다.
그래도 이 역사적인 순간을
집에 있는 아빠에게 보여주기는 해야겠기에
핸드폰 동영상 촬영을 준비하고서……

드디어 솔비가 번지점프대 위에 섰다.
그리고 진행요원이 카운트를 시작한다.
3, 2, 1. 번지!
그런데 솔비가 뛰지 못했다.
나는 이제 또다른 이유로 난리 부르스가 났다.
어떡해, 어떡해. 못 뛰고 그냥 내려오는 게 더 속상할 텐데 하고.

잠시 후 진행요원이 다시 카운트를 한다.
준비되셨나요? 자, 갑니다.

3, 2, 1. 번지!

그러자 이번에는 카운트가 끝나자마자
한 치의 망설임도 없이 솔비가 하늘에서 뚝 떨어졌다.

부들부들 떨리는 손으로 핸드폰 동영상을 찍던 나는
땅으로 곤두박질치는 딸의 모습에
가슴이 쿵 내려앉아 핸드폰을 내던지고
어머, 우리 딸 어떡해! 하며 허겁지겁 달려갔다.
나이 서른여섯 먹은 아줌마가 첫돌 아기 걸음마 때나 할 법한
무릎 깨기까지 하면서.
내 무릎에 피 주룩 나는 것도 잊고서 딸의 생사를 확인했다.
솔비는 안정된 자세로 줄을 타고 주욱 내려와 보트에 올라탔다.
그리고 장비를 벗어놓고서는 잔뜩 신이 난 얼굴로
"엄마! 완전 짱이에요!" 하며 내게 달려왔다.

딸이 무사한 걸 확인하자 안도감과 함께 기특함이 몰려왔다.
그리고 물었다.
처음에는 왜 못 뛰었느냐고. 막상 올라가니 무서웠느냐고.
솔비가 답한다.
번지점프대 위에 올라가서도 전혀 무섭지 않았단다.

그 높은 곳이 오히려 상쾌하고 좋았단다.
그러나 번지점프 직전, 허공에 서 있는 것과 같았던 그때,
뛸지 말지를 자기 스스로 결정해야 하는
그 마지막 관문이 가장 무서웠단다.

아무도 도와주는 사람 없이, 오직 홀로 그 무서운 곳에서
자기 스스로 판단하고 결정을 내려야 할 때가
제일 무서웠다는 말에 뭔가 뭉클했다.

그리고 또 물었다.
그럼 두 번째 때는 어떻게 한 번에 뛸 수 있었느냐고.
솔비가 답한다.

이미 한번 두려움에 물러섰기 때문에
더 두려운 생각이 들어 또 물러나지 않기 위해서
그저 이번엔 꼭 뛰어야 한다는 생각뿐이었다고.

이 말에 나는 솔비가 인생 공부는 다 했다고 생각했다.
더 두려운 생각이 들어서, 더 많은 잡념들이 생겨서
판단하고, 선택하고, 결정하기 어려워지기 전에
다 끊어내고 바로 실행에 옮기는 것.

솔비는 '용기'를 배웠다.

그리고 또 말한다.
'내 뒤에 이렇게나 크고 단단한 밧줄이 있는데
설마 끊어지기야 하겠어?'라는 생각이
망설임 없이 뛰어내릴 수 있게 해주었노라고.
그 믿음과 신뢰가 있었기에 단번에 뛸 수 있었노라고.

그 한마디에 참 많은 생각이 들었다.
아…… 그래.
엄마는, 그리고 아빠는, 우리 가족은,
서로가 서로에게 그런 밧줄이 되어주면 그만이라고.
당장 떨어질 것 같은 절벽 위에서도 결코 끊어지지 않을 것 같은
굵고 튼튼한 밧줄이 되어주면 그만이라고.
굳이 끌어안고 같이 뛰어주지 않아도,
대신 번지를 뛰어주지 않아도 되는,
그저 뒤에서 묵묵히 파이팅을 외쳐주는
듬직한 응원군이 되면 그만이라고.

뭘 더 해주려 애쓰지 않아도 좋고,
뭘 더 해주지 못해 미안할 필요도 없고,

하늘 위로 솟아오를 날개를 달아주려 할 필요도 없이
그저 다만,
결코 끊어지지 않을 튼튼한 밧줄,
그런 믿음, 신뢰를 가질 수 있는 존재,
다만 그런 부모가 되어주면 되는 거라고.

못 뛰어내리면 창피할까봐,
못 뛰어내리면 겁쟁이 취급 당할까봐
마지못해 뛴 것이 아니라,
지금 아니면 언제 또 이런 날이 올 줄 몰라서
더 무서운 생각이 들기 전에
두번째 때는 바로 뛰었다는 솔비의 말은
그때의 사춘기 여행의 핵심이기도 했다.

계획은 최소화하되,
기회는 최대한 누린다.

나는 그때의 여행을 알차게 보내기 위해
미리 많은 것을 계획하지 않았다.
출발 기차 티켓을 끊고, 첫날은 어디를 갔다가
어디에서 묵는 걸로 한다는 정도로

여행 계획은 최소화했고
일정은 여행 도중에 만나는 그 무엇이든,
그 자리에서 기회가 닿는 것으로 한다는 것이
여행 계획의 전부였다.

내가 지금껏 살아오면서 후회를 많이 한 것은
내가 계획한 일이 틀어졌을 때보다
내게 찾아온 기회를 알아보지 못했을 때였다.

번지점프를 할 수 있는 기회가
언제 또 올지 모른다. 안 올 수도 있다.
그러니 지금 뛰자.

계획대로 되지 않는 인생보다 힘든 건
기회를 놓치고 나서 오는 후회다.
그 기회를 놓치지 않고 스스로 자신을 컨트롤하면서
하늘 위를 날았던 솔비를 보면서
나는 더이상 솔비를 걱정할 필요가 없겠다고 생각했다.

솔비가 이제 막 말을 시작했던 두 돌 무렵,
우리는 민들레 한 송이를 만났다.

무료 체험학습 행사가 있어 나섰던 길,
계획했던 시간보다 늦어져 서둘러 가야만 했던
그때에 솔비가 갑자기 멈춰 서더니만
"엄마! 민들레!" 하고 외쳤다.
체험학습 행사에 늦어 서둘러 택시를 잡아도
간당간당했던 그때에 나는 무슨 생각이었는지
아이를 재촉해 빨리 가자고 잡아끄는 대신
그 자리에 함께 철퍼덕, 민들레 앞에 앉았다.
그리고 한참을 솔비와 함께 민들레 이야기를 하다 깨달았다.
이 민들레는 솔비가 태어나 처음으로 보는 진짜 민들레라는 것을.
늘 즐겨 보던 『강아지똥』이라는 동화책에 나오던 민들레를
지금 실제로 만나고 있다는 것을.

그날의 '철퍼덕, 민들레'로 체험학습 계획은 틀어져버렸다.
그러나 우리는 솔비가 생애 처음으로
민들레를 만나는 기회를 잡았다.
그리고 깨달았다.
서울 한가운데 콘크리트 길바닥에서
민들레를 만나기란 그리 쉽지 않음을.
어쩌면 그날, "어, 알았어, 솔비야. 그래, 민들레지" 하면서
빨리 가자고 아이를 잡아끌었더라면

솔비가 민들레를 만나는 일은
내년, 내후년이 되었을지도 모른다는 것을.

계획대로 풀리는 인생만이 성공은 아니다.
기회를 놓치지 않는 인생도 성공한 인생이다.

번지점프대 위에 올라 어쩌면 다시는 오지 않을 기회를 잡고서
힘차게 하늘을 날았던 솔비의 용기를 응원한다.
너의 그 결단력, 판단력, 신뢰와 믿음이
너의 인생을 굳건히 해줄 것이라 믿어 의심치 않으며 말이다.

PART 05

엄마도
장래 희망이 있다

나도 이모님과 살고 싶다

우리 부부는 리얼 버라이어티 육아 예능을
그닥 좋아하지 않는다.
버라이어티한 육아는 우리도 이미 해봤고, 하고 있는 일이고
리얼이라고 하지만 어디까지나 '리얼리티 쇼'일 뿐
'사실(리얼)'이 아닌 아이 키우는 이야기에
그다지 공감이 가지 않아서다.

육아 예능에 나오는 아이들은 하나같이 다 귀엽고 예쁘지만,
멘붕 상황으로 연출되는 장면들은 애교에 가깝고,

그 연출된 상황에 허덕이는 연기를 하는 부모들을 보면
허탈한 웃음이 나오기까지 한다.
예능 프로그램이기에 재미를 위해 편집된
부분도 물론 있겠지만,
예쁜 아이들, 재미있는 에피소드, 다정다감한 부모의 모습에
포인트를 두고 편집된 그 프로그램은 어쩐지 불편하다.
잘나가는 연예인, 넓은 평수의 고급 아파트에 사는 그들이
생계형 육아를 알 리 없고, 독박육아를 알 리 없는데
마치 매일매일 힘겹게 고군분투하며
아이들을 이토록 어여쁘게 잘 키우고 있다는 듯 보이는
모양새가 마땅치 않은 건
내가 성격 삐뚤어진 음모론자이기 때문일지도 모른다.

나는 확신한다.
카메라가 꺼지는 순간,
집 안에 숨어 있던 베이비시터와 가사 도우미가
적어도 둘, 셋쯤은 튀어나올 거라는 것을.
두세 살밖에 안 된 아이가 식당에서 너무도 자연스럽게
"이모님"을 부르는 것이 그 증거라고.
육아 예능에서는 쌍둥이도, 애 셋도 잘도 키우더라만
실제의 육아가 어디 그리 만만하던가.

혹여 그런 육아 예능을 보며
남들은 저렇게 즐겁게 잘만 키우는데
나는 애 키우는 게 버겁고 힘들어서
어쩐지 엄마 자격이 없는 것 같다고 느끼는 이가 있다면
단언컨대 그럴 필요 없다.
만약 나에게도 무적의 '이모님' 부대가 있다면
나도 그들 못지않게 여유롭고 낭만적으로 아이를 키울 수 있다.
TV 육아 예능 속 아이들은
엄마 아빠에게서만 길러진 아이들이 아니다.

육아 조력자가 있는 엄마들은 확실히 티가 난다.
잠깐 외출을 하더라도 화장하고 옷도 예쁘게 입고
꾸민 티가 날 뿐만 아니라
표정과 행동에서 그 여유로움이 읽힌다.
내가 14년간 세 아이를 독박, 고립육아로 키우면서
가장 간절했던 것은 '어머님 찬스'였다.
시어머니든 친정 엄마든, 잠시나마 아이들을 맡기고
일을 볼 수 있다면 얼마나 좋을까 빌었지만,
어머님들은 다 각자의 일들이 있었고
사는 곳도 우리 집과 멀어 자주 뵙지 못했다.

때문에 중요한 미팅이 있거나
아이를 동반할 수 없는 자리에 참석해야 할 때면
나는 종종 시간제 어린이집을 이용했었다.
하루에 너덧 시간 정도 아이를 봐주고
시간당 4000원의 이용료를 냈었는데,
다행히 아이가 엄마를 찾지 않고 잘 놀아준 덕분에
급할 때면 시간제 어린이집의 도움을 받아
일을 하러 다닐 수 있었다.
급작스럽게 낯선 환경에 어린아이를 맡기고
일을 보러 가는 것이 마음 편한 일은 결코 아니었으나,
그렇게라도 잠시 아이를 맡아줄 누군가가 없었다면
나는 아무 일도 하지 못했을 것이다.
잠시나마 나 대신 아이를 돌봐줄 사람을 갖는 것,
그래서 그 시간을 나를 위해 쓸 수 있는 것이
얼마나 간절한 소망이었는지 모른다.

그 누구든 이모님들과 함께 산다면,
육아 조력자와 함께 산다면 TV 속 그들의 모습처럼
마냥 여유롭고 웃음이 넘치는 육아가 가능할 거다.

애 옷 버릴까봐, 그래서 빨랫감 늘어나는 게 무서워

놀이터 나가기도 쉽지 않은 엄마들,
빨래에 설거지에, 온갖 살림에 치여가며
홀로 아이를 돌보는 엄마들에게서는
찾아볼 수 없는 여유로움이다.

요즘 인터넷에선 "맘충"이라는 말이 유행이다.
서너 살도 안 된 아이들을 어린이집에 맡기고
커피숍에 모여 앉아 수다나 떠는 엄마들을
육아 방임, 살림 방치하는 엄마로 비하하는 말이다.

그러나 사람들은 모른다.
엄마들의 일탈로 보이는 그 커피숍 모임이
엄마들에게 얼마나 큰 힘이 되는 일인지를.
숨 쉴 틈을 찾아 나온 엄마들이 힘을 충전하는 중이라는 것을.
그렇게 쉬고, 놀고 있는 엄마들을 마땅치 않게 보는 시선들이
육아 예능 속 슈퍼맨 아빠와 슈퍼맘을 만들어낸다.
육아와 살림의 심적, 육체적 괴로움을 느끼며 아이들을 대하는
보통의 엄마들이 느끼는 육아 감정은 빼버린 채
퍼펙트 육아의 표본인 양 하는 육아 예능이 불편한 이유다.

나도 이모님들과 살고 싶다.

살림해주시는 이모님, 애들 케어해주시는 이모님.
그럼 나도 숟가락만 살짝 얹어
아이들에게 마냥 좋은 모습만 보이고,
아이들을 마냥 끌어만 안고 입 맞추어주는
사랑이 넘치는 엄마가 될 테니까.
그러나 홀로 육아와 살림을 전담할 수밖에 없는 엄마들에게는
이모님 못지않은 조력자가 바로 같은 처지의 엄마들이다.
엄마들의 티타임, 그 잠깐의 수다 시간이
홀로 육아와 살림을 전담하고 견뎌내는 엄마들에게
얼마나 꿈같은 시간인지
매체 속 슈퍼맨, 슈퍼맘에 익숙해진 사람들은 이해하지 못한다.

고군분투하는 엄마들을 알아주었으면 좋겠다.
그 고독함과 처절함을 들여다봐주었으면 좋겠다.
엄마는 육아, 살림, 직장생활까지
모두 다 잘해내는 슈퍼맘이 아니라
그 누구보다도 도움이 절실한 사람이라는 것을
조금은 알아주었으면 좋겠다.

아빠와 엄마가 꾸는 꿈

10년을 한 직장에서 하루도 빠짐없이 일하던 남편이
4년 전 어느 날, 일을 그만하고 싶다고 이야기했다.
나이 마흔이 가까운 아저씨가 하던 일을 그만둔다는 것,
매월 고정 수입이 사라진다는 것은
여간해선 받아들이기 힘든 일이다.
나이 마흔은 재취업이 가능할지 염려스러운 나이이고,
수입이 줄어든다는 것은 아이를 셋이나 키우는 집에선
차마 상상조차 하기 힘든 곤란한 일이다.

그런데도 나는 OK했다.
일을 그만하고 싶다는 말을 할 정도라면
남편이 얼마나 힘들어하는 것인지,
얼마나 힘겨운 하루하루를 이어가는 것인지
짐작이 되었기 때문이다.

남편이 10년 다니던 회사를 그만둔 그다음 날.
우리는 난생처음으로 다섯 식구가 함께
제주도로 일주일간 여행을 떠났다.
평일에 아빠와 함께 여행을 간다는 건
차마 상상도 할 수 없는 일이었더랬다.
그리고 집으로 돌아온 후, 엄마와 아빠의 역할이 바뀌었다.
집에서 마케팅 프리랜서로 출판사와 외주 일을 하는 엄마가
바깥 양반이 되었고,
집에서 아이들을 돌보고 집안일을 하는 아빠가 안사람이 되었다.

남편은 전업주부가 된 것에 매우 행복해했다.
나보다 힘이 세서 번쩍번쩍 세탁기에서
빨래 뭉치를 훨씬 더 잘 빼 들었고,
요즘 인기 있는 셰프들 못지않게
인터넷 레시피를 훑어보며 음식 만들기에도 취미를 붙였다.

내가 안방에서 일을 하고 있으면
"여보, 커피 한 잔 갖다줄까?" 하며
나를 챙겨주기까지 하니
바깥 양반, 요거요거, 참 할 만하네 싶었다.

남편이 전업주부가 된 후 가족의 생계는 오직
내가 일해서 번 돈으로 꾸려가야만 했기에
나는 일을 훨씬 더 늘렸고, 때문에 안방에 틀어박혀
컴퓨터와 씨름하는 날,
외부 미팅차 서울을 오가는 날이 잦았고,
심지어는 작년에 낸 책으로 전국을 돌며 강연을 다니느라
일주일 동안 집에 못 들어오는 일도 있었다.
그렇게 엄마가 집을 비우는 날이 많아도 아이들은 끄떡없었다.
엄마보다 더 엄마 같은 아빠가 있었기 때문이다.

나는 귀찮아서 배달시켜주고 마는 스파게티 같은 것도
아빠는 소스와 파스타 면을 사서 손수 해주었다.
나는 집 앞 놀이터 나갈 체력도 안 되어서
"얘들아, 웬만하면 집에 있자" 하며 아이들을 방에 두었는데
아빠는 짱짱한 체력을 앞세워 아이들을 동네 물 놀이터,
어린이 도서관, 인라인스케이트 공원 등으로 끌고 다니며

아이들이 지쳐 나가떨어질 때까지 놀아주었다.

매일 아이들이 잠든 늦은 밤에서야 들어오던 아빠가,
주말에나 간신히 얼굴 볼 수 있던 아빠가
매일매일 자기들과 함께한다는 것에
아이들은 한없이 신이 났고 행복해졌다.

장부 스타일의 엄마와는 달리
꼼꼼하고 세심하며 다정다감한 아빠는
엄마보다도 아이들을 훨씬 더 잘 돌보았고,
심지어는 아이가 다니는 유치원의 학부모 운영장을 맡으며
동네 엄마들과도 교류하는 아줌마 본성을 드러내기도 했다.

꽃다운 20대에 일찌감치 아기를 낳아
사회생활도 제대로 못 해보고 늘 집에서 애 보고 살림하던 나는
지금에서야 제대로 된 사회생활을 해볼 수 있게 되었고,
남편은 매일 두세 시간씩 걸려 오갔던 회사생활을 접고
아이들과 집에서 온종일 시간을 보낼 수 있는 것이
더 가치 있고 의미 있는 일이라고 했다.

첫째가 첫돌도 안 되었을 때

이 딸바보 아빠가 했던 말을 기억한다.
나중에 우리 솔비가 커서 학교에 다니게 되면
어느 날 하루쯤은 회사를 빼먹고
솔비 학교 끝나는 시간에 맞춰 교문 앞에서
솔비를 기다릴 거라고.
그리고 솔비가 나오면 힘껏 안아주고
둘이 손 꼭 잡고서 떡볶이를 먹으러 갈 거라고.

전업주부가 된 남편은 그 꿈을 이루었다.
단 하루뿐이 아닌 매일매일
언제든 맘만 먹으면 아이들과 함께 집으로 돌아오는
흐뭇한 하굣길에 나설 수 있는 주부가 되었다.

그렇게 4년 동안 아이들과 함께하는 시간을 값어치 있게 여기고
주부로서도 완벽하고 기똥차게 살림을 했던 남편은
그 와중에도 자신의 취미를 살려
프라모델 지도사 자격증을 따고,
독서 논술 지도사 과정을 인터넷 강의로 들으며
방과후수업 교사가 될 준비를 마쳤다.
남들은 애 키우는 것만도, 살림하는 것만도 바쁘고
여력이 없을 텐데도 밤 시간을 쪼개고 틈틈이 짬을 내어

자기가 좋아하는 일을 찾아 준비를 해왔던 것이다.

나 또한 엄마로, 주부로 살면서 악착같이 밤잠을 쪼개어
내가 좋아하는 일, 하고 싶은 일을 생각했더랬다.
그랬기에 지금, 나는 여전히 일을 할 수 있고
아이들의 장래만이 아닌 나의 장래도 꿈꿀 수 있는 것이다.

아이 키우랴, 살림하랴 바쁜 엄마이고 주부일지라도
절대로 손에서 꿈을 놓지 말자.
기회는 언제 어떻게 올지 모른다.
남편이 실업자가 아닌, 전업주부로 전향한 것은 신의 한수였다.

엄마들은 그토록 힘겨워하는 육아와 살림이 로망이었던 남자는
소원대로 실컷 엄마와 주부의 몫을 다 해냈고
그러면서 자신의 또다른 인생 계획도 마련해갔다.

질투가 날 만큼 뛰어났던 남편의 주부로서의 능력.
어쩐지 나는 이제 다시 살림을 하게 되면
훨씬 더 잘할 수 있을 것만 같다는 생각이 든다.

남편은 언제나 나에게 긍정적인 자극을 주고

희망을 주는 사람이다.
내 20대 청춘을 다 걸고 이 남자를 낚아채기를 참 잘했다.

육아에서 아빠인 남편과의 연대는 중요하다.
엄마인 내 아이가 아니라 남편과 나, 우리의 아이이기 때문이다.
육아는 오롯이 엄마의 몫이라던 시대는 지났다.
이제는 아이들에게 엄마뿐만 아니라
아빠도 중요한 역할을 하는 시대다.

미운 남편일지라도 아빠의 몫은 꼭 남겨두어야 한다.
사이 좋은 부부 밑에서 자란 아이들의 표정이 더 밝다.
아빠로부터 지지와 응원을 받은 아이들이 더 씩씩하다.
남의 편이 아닌 내 편으로 남편을 만드는 것,
사이 좋은 부부의 모습을 아이들에게 보여주는 것,
부부 사이를 돈독히 하는 것에서부터 육아의 균형이 잡힌다.

바로 지금, 구체적으로 행복하기

강연을 할 때마다 엄마들에게 묻는다.
"지금 행복하세요?"라고.
쉬이 대답이 나오질 않는다. 한참을 머뭇거린다.
"예, 행복해요"라고 대답해야 할 것 같으면서도
뭔가 마음에 걸리는 것이 있는 듯 입을 떼지 못하고
심지어 어떤 엄마는 이 질문 하나에 눈물을 왈칵 쏟으며,
손바닥으로 얼굴을 감싸쥐고 서럽게 울기까지 한다.

왜 그럴까.

왜 엄마들은 "행복하다"고 답하지 못할까.
왜 그 대답을 머뭇거릴까.

엄마들은 걱정이 많다.
그리고 자신감이 없다.
엄마들은 해야 할 일이 많다.
그러나 그 모든 것들을 감당할 힘은 없다.
엄마들의 감정은 기복이 심하다.
중간이라는 게 없다.
하루에도 몇 번씩 조증과 울증을 넘나들며
롤러코스터를 타는 것이 엄마의 마음이다.

어떻게 해야 행복한 걸까 늘 고민했다.
사람들은 일찍 시집가서 벌써 애들 다 키워놓고
자기 일에 매진할 수 있으니 얼마나 좋으냐며
나를 부러워하더라만,
다정다감한 남편에, 너무도 잘 자란 세 딸이 있으니
얼마나 좋으냐며 부러워하더라만,
나 역시도 누군가 내게 지금 행복하냐고 물어오면
쉽게 답하지 못한다.
내 마음속에 있는 걱정 보따리 때문이다.

세 아이들과 함께하는 다섯 식구의 살림이 그리 넉넉지 않다.
아이들이 학원을 다니고 싶다 해도 그 한 달 학원비가 무섭고
매달 말일이면 입을 딱 벌리고 앉아 있는
각종 공과금에 대출 이자 내기도 버겁고,
경제적인 문제뿐만 아니라 아이들의 장래,
우리 부부의 노후를 생각하면 늘 불안하고 염려스럽다.

행복은 이 모든 것들이 해결되고 난 이후,
먼 미래에나 누릴 수 있는 성취인 것만 같았다.
그래서 지금은 힘들어도 참아야 하고,
미래를 위해서 지금은 아껴야 하고,
아이들을 위해서라도 참고 인내하며
더 나은 미래를 만들기 위해 오늘을 희생하는 것이
당연한 일이라고 생각했다.

그렇기에 차마 "지금 나는 행복하다"고 말하지 못했다.
개미와 베짱이의 우화처럼, 지금 행복하다는 것은 왠지
분수에 맞지 않는 사치를 누리는 일인 것만 같았다.

내일 행복하기 위해 오늘 기꺼이 힘겨워하는 것일까.
혹, 내가 성공과 행복을 같은 것으로 놓고 보는 건 아닐까.

성공해야만 행복한 거라고 잘못 생각한 것은 아닐까.

내가 오늘 행복한 이유를 하나씩 생각해본다.
좋은 원두를 선물 받았다.
집 안 가득한 원두향에 마음이 편안해진다.
커피 한 잔의 여유를 누리는 지금 난 행복하다.

아이들의 손발톱을 깎아준다.
첫째의 휘어진 새끼손가락은 아빠를 닮았고,
막내의 갈라진 새끼발가락 발톱은 엄마를 닮았다.
손가락 발가락, 손발톱까지도 엄마 아빠를 쏙 빼닮은
녀석들과 함께 있음에 지금 난 행복하다.

꿀꿀 돼지 흉내를 내는 아빠의 유치한 장난에
일곱 살 막내가 자지러지게 웃는다.
그게 뭐 재미있다고 저렇게까지 웃나 싶으면서도
막내의 웃음소리가 웃겨서 나도 웃는다.
첫째도, 둘째도, 이게 뭐라고 이리 웃기냐며
함께 웃는다. 지금 난 행복하다.

행복은 험난한 과정 끝에 얻어지는 결과물이 아니다.

얼마간의 수치를 채워야만 비로소 행복해지는 것이 아니다.
그냥 지금 이 순간,
아무것도 아닌 일에 껄껄 웃을 수 있다는 것만으로도
굉장히 행복할 수 있다는 것을 너무 늦게 알았다.

매일 아침 눈뜨며 다짐한다.
오늘 하루도 행복하자고.
매일 밤 눈 감으며 기도한다.
내일은 오늘보다 더 행복하자고.

바로 지금 이 순간,
행복하자.

킬힐과
빨간 립스틱의 행복

지난해 블로그에 아이들을 키우며 적어온 이야기들이
책으로 세상에 나온 이후,
나는 전국으로 강연을 다니며 '우리는 이미 좋은 엄마'라는
주제로 수많은 엄마들을 만났다.
그리고 강연을 핑계로 내 옷장에는 예쁜 원피스가,
신발장에는 반짝이는 뾰족구두가 늘어났고,
그것들을 입고 신으면 나는 마치 날개 달린 천사처럼
날아갈 듯 자신감이 퐁퐁 솟아났다.

아이들 머리핀 하나를 1만원이나 주고 살지언정,
수유티 하나 사는 데 1만원도 못 쓰던 시절이 있었다.
아이 몸에 상처가 날까 싶어
반지나 목걸이 하나 제대로 할 수 없었고,
아이를 안고 걷기 위해 플랫 슈즈나 운동화만 신으면서
치마는커녕 바지조차도 아이가 우유를 흘려도 티나지 않을
어두운 색의 옷을 주로 입던 시절이 있었다.

그런데 이제 아이들이 어느 정도 크고
굳이 엄마 손을 잡고 걷지 않아도 될 만큼 자라고 보니
나도 이제 슬슬 킬힐을 신을 수 있게 되었고
반지 목걸이를 해도 되었고
5만원짜리 킬힐 한 켤레도 장만할 수 있게 되었다.

짙은 아이라인의 화장을 하고
노랗게 물들인 머리에 웨이브를 말고
번쩍이는 귀걸이에 열 손가락 너클링을 끼고서
찰랑대는 원피스에 킬힐을 신고 집을 나서면
그렇게나 행복할 수가 없다.

엄마는 참 미천한 직업이라 생각했었다.

집 밖으로는 저녁 찬거리 사러 나가는 것 외에는
외출할 일도 거의 없이
하루종일 아이들과 집 안에서 부대끼며
후줄근한 티셔츠에 얼룩덜룩한 파자마 바지를 입고서
애들 보랴, 살림 하랴 정신없이 하루하루를 보내던 그때에는
해도 티가 안 나고 안 하면 티 나는 이놈의 집안일이
그렇게나 원망스러울 수가 없었고,
마찬가지로 아이들은 절로 크는 줄 알고
엄마의 고충은 알 리 없는 주변 사람들의 시선에
한없이 쪼그라들고, 한없이 무기력해지기도 했었다.

그러나 세상에 미천한 직업은 없다.
엄마만큼 위대한 직업도 없다.

남들은 참으로 쉽게 생각하는 한 문장,
"아이를 유치원에 데려다준다"는 이 한 문장 속에는
수많은 일들이 숨겨져 있다.

더 자려는 아이를 간신히 깨워서 씻기고, 입히고, 먹이고
내복만 입고 뒹구는 둘째 외출복 입혀서
혹시 모르니 분유통에 기저귀에 물티슈를 챙겨서

유모차에 쑤셔 박은 후
한 손은 유모차를 밀며, 한 손은 아이 손을 잡고서
아이를 유치원에 데려다준 후
갔던 길 그대로 집에 돌아와
둘째 젖 먹이고 기저귀 갈아주고 낮잠 재우고
세탁기를 돌리고 빨래를 널고 개고
저녁때 못 한 설거지를 하고 나면
다시 유치원으로 아이를 픽업하러 가야 할 시간이 된다.
"아이를 유치원에 데려다준다"는 이 한 문장은
아침 9시 출근, 6시 퇴근하는 직장인 못지않은 노동력과
시간이 소요되는 일이다.

그런데 엄마의 일은
다만 아이를 유치원에 데려다주는 것뿐만 아니라
집 청소를 비롯한 살림에, 식구들 식사 준비에,
아이들 씻기고 놀아주고 보살펴주는 일까지
어마무시하게 많다.

이렇게 정신없이 지나가는 하루하루 속에서
엄마는 '여자'였던 나를 놓친다.
여전히 예쁘게 꾸미고 단장하고 싶은 여자의 마음은 누르고

아이들과 집안일을 돌보는 것에 더 큰 에너지를 쏟는다.
엄마가 되기 위해 여자인 나를 포기하고,
사람인 나를 포기하고 무한 반복되는 일상을 거듭해온 세월.
그리고 지금,
나는 집에 있으면서도 빨간 립스틱을 바른다.
그리고 일하다 문득문득,
거울 속에 비친 내 빨간 입술을 볼 때마다
왠지 모르게 힘이 솟곤 한다.
집 앞 슈퍼에 나갈 때도 킬힐을 신는다.
힐의 굽 길이만큼 내 키가 커지면서 자신감도 커진다.
킬힐과 빨간 립스틱이 만들어준 자신감,
아무것도 아닌 듯한 그 소소한 사치가
나에게 얼마나 큰 에너지를 주는지 모른다.

나는 사람들이 말하는 '엄마 같지 않은 엄마'를 꿈꾼다.
사람들이 생각하는 애 셋 있는 엄마의 모습이 아니라
애가 셋이어도 여전히 예쁘게 꾸미고 단장하며
아가씨처럼 다닐 수 있는 내가 좋다.

아이들에게 투자하는 반의반만이라도
엄마들 스스로에게 투자했으면 좋겠다.

늘 세수할 시간도 없는 게 엄마라지만,
애 잠깐 울리더라도 깨끗하게 세수하고
좋은 화장품 발라가며 피부 관리하는,
집안일에 덜 바지런하더라도
자기 관리에는 꼭 바지런한 엄마들이었으면 좋겠다.

엄마인 내가 행복해야 내 가족들도 행복하다.
예쁘게 꾸민 엄마를 보면서
우리 아이들이 가장 먼저 좋아할 수 있도록
내 남편 또한 여전히 나를 보며 설레어할 수 있도록
엄마인 나는 오늘도
킬힐을 신고 빨간 립스틱을 바른다.

엄마인 내가 행복해야 내 가족들도 행복하다.
예쁘게 꾸민 엄마를 보면서
우리 아이들이 가장 먼저 좋아할 수 있도록
내 남편 또한 여전히 나를 보며 설레어할 수 있도록
엄마인 나는 오늘도
킬힐을 신고 빨간 립스틱을 바른다.

엄마, 당신의 이름은 무엇입니까

어느 날 모든 것이 바뀌었다.
내 방이 없어졌고, 내 친구들이 사라졌으며, 내 일이 없어졌다.
"나영아"라고 불러주던 친구들도,
"나영씨"라고 불러주던 직장 동료도 사라졌고
익숙한 내 방 대신 시어머니와 함께 사는 남편과의
결혼생활이 시작되었다.

그리고 얼마 지나지 않아 내 이름도 잃어버렸다.
나는 "여보"가 됐고, "에미야"가 됐고

그후로는 "솔비 엄마, 예린이 엄마, 소이 엄마"가 되었다.
현실에서의 김나영도 없었고,
인터넷 세상에서도 김나영은 없었다.
지난 십수 년간 나는 인터넷 세상에서
내 이름보다도 익숙한 "야순님"이란 닉네임으로 불리었고,
내 이름을 잃는 순간, 나는 나도 잃었다.
누군가의 아내, 누군가의 며느리, 누군가의 엄마.
누군가를 위해 존재하는 나는 있었어도
오롯한 '나'는 생각해볼 수 없었다.

스물넷.
아내가 되고 며느리가 되고 엄마가 되기엔 너무 이른 나이였을까.
친구들은 한창 대학생활에, 취업 준비에 바쁜 그때에 나는
우리 아기가 뒤집기를 하고, 잡고 서기를 한다는 자랑 외에는
할 말이 없어지면서
자연스레 미혼인 친구들과의 대화 주제도 사라졌고
만남도 뜸해졌다.
일을 그만둔 후 집에만 있으면서 아직 할 게 많은 나이에
아깝게 집에서만 썩는 것 같아
자신이 초라하게 느껴지기도 했다.

그럼에도 불구하고 참 다행스러웠던 건
나는 욕심이 매우 많고, 지기를 싫어하며
오기가 가득한 사람이었다는 것이다.
나는 그 누구보다 좋은 아내가 되려 악착같이 살림을 배웠고
또 그 어떤 엄마보다도 대단한 엄마가 되겠다고
육아에 열을 올렸다.

십수 년 전에는 엄마표 돌잔치가 유행이었다.
영화 포스터에 아기 얼굴을 합성하기도 하고,
아기의 발달 과정을 사진으로 담은 사진보드라든가
실물 스탠딩 등으로 마치 그 아이의 전시회에 온 것처럼
엄마가 손수 포토샵으로 만든 자료로
아이 돌잔치를 꾸미는 것이었다.
첫째가 백일쯤 됐을 무렵, 엄마표 돌잔치를 목격한 나는
그때부터 혼자서 포토샵을 익혔다.
낮에는 아이 젖 물리면서 포토샵 책장을 넘겼고,
아이가 잠든 밤에는 내 밤잠을 쪼개가며 포토샵 연습을 했다.
그렇게 나는 어설프게나마 돌잔치에 필요한
포토샵 스킬을 마스터했고
성황리에, 아주 요란뻑적지근하게 첫째의 돌잔치를 마쳤다.
또다른 나의 장점은 내가 일 벌리기를

매우 좋아하는 사람이라는 것이다.
그래서 나는 힘든 육아를 재미로 풀어내기 시작했다.
그저 예쁜 우리 아기 자랑하고 싶어 시작한 인터넷 카페에서
기왕이면 다른 엄마들도 보고 웃고 즐길 수 있도록
포토샵을 이용해 마치 웹툰처럼 아이에 대한 글과 사진을 올렸다.
시간이 지나면서,
내 글이 올라오기를 기다리는 엄마들이 생겨날 만큼
어느 날부턴가 나는 카페에서 제법 유명인사가 되었더랬다.
다만 10분의 잠도 아쉬운 그때에 나는
밤을 새워 육아일기를 썼고,
다음 날이면 올라오는 엄마들의 "재밌어요" "웃겨요" 하는 댓글에
더욱 힘이 나 아이들의 골치 아픈 말썽도, 난감한 사고도
웃음으로 승화시킬 수 있게 되었다.

그러던 어느 날, 일생일대의 기회가 왔다.
어느 인터넷 사이트에서 정식으로
육아일기 연재를 제안한 것이다.
나는 정식으로 매주 1회, 회당 연재료를 받으며
집에서 돈을 벌 수 있게 되었다.
이후 기회는 끝없이 이어졌다.
육아일기를 보고 잡지사의 연재 제의가 들어왔고

심지어는 공중파 방송국인 MBC까지
드라마 패러디 연재를 제안해왔다.
그저 아이들과 지내는 일상 이야기를 인터넷에 올렸을 뿐인데,
어느 순간 나는 정식으로 고료를 받고
컨텐츠를 제작하는 연재 작가가 되어 있었다.
어설펐던 포토샵은 타블렛으로
캐릭터를 그리는 경지까지 올랐으며,
제법 눈치가 생겨 인터넷의 흐름을 읽어내고
이슈를 잡아낼 수 있게 되면서
컴퓨터와 인터넷을 이용한 일이라면 무엇이든 할 수 있게 되었다.

기저귀, 장난감, 분유 등 유아용품을
그냥 받거나 약간의 활동비를 받기 위해
경품 응모와 체험단 활동에 꽤나 열심이었을 뿐인데,
그러면서 자연스럽게 시장의 흐름을 읽을 수 있게 되었고
기업의 마케팅 이슈에 대한 아이디어도 떠올랐다.
그 덕에 나는 간접적으로나마 사회생활을 경험할 수 있었다.
여러 기업체의 체험단 활동을 통해서 여러 색다른 경험들을 했고,
이름만 들어도 내로라하는 기업들이
나를 본사로 불러 PT를 요청하기도 했다.

인문계 고등학교 졸업에, 특기할 만한 경력사항 없이
그저 애 셋 키우며 살림이나 하는 아줌마였던 내가.
내가 좋아하는 일, 내가 하고 싶은 일을 하기 위해
기꺼이 내 밤잠을 내주고
내게 찾아온 기회를 놓치지 않고 잡아챈 덕에 지금은
10년 전엔 상상도 할 수 없었던
나만의 포트폴리오를 만들 수 있게 되었다.

나는 8년간 육아일기 연재 작가로, MBC 컨텐츠 작가로,
잡지 연재 작가로 일하며 고료를 받았다.
그리고 여러 기업의 서포터스 활동에 활발히 참여하면서
간접적으로나마 사회생활을 체험했다.
그렇게 어깨너머로 익힌 사회 체험으로 나는
5년간 대기업 출판사에서
재택근무 프리랜서로 마케팅 일을 하며 월급을 받았다.
원래의 내 스펙으로는 이력서조차 넣어볼 수 없는
그런 회사에서 말이다.

10여 년 넘게 블로그에 올린 나와 우리 가족의 일상 이야기가
지난해 책으로 나온 후, 나는 전국 곳곳을 돌며
육아 강연을 하는 강사도 되었다.

그리고 지금은 이 책을 쓰고 있다.

마냥 "여보" "에미야" "누구 엄마"로 불릴 줄 알았던 내가
어느 순간
"프리랜서 김나영" "작가 김나영" "강사 김나영"으로 불리게 됐다.
기적 같은 일이다.
세 아이를 키우면서 내가 하고 싶은 일을 기꺼이 욕심내고,
부질없다 싶으면서도 밤잠을 포기하면서까지 그저 즐겼던 일들이
나에게 또다른 역할을 주었고, 내 이름을 다시 찾아주었다.

막연히 아이들이 다 크고 난 미래를 걱정하던 때가 있었다.
엑셀도 까먹지 않을까, 일의 감도 잃어버려 더는 취직도 못 하려니,
심지어는 전공도 없는 인문계 고졸 아줌마가
애들 다 키우고 할 수 있는 일이 뭐가 있을까 참으로 암담했었다.
그러나 욕심 많고, 지기 싫어하고, 오기로 똘똘 뭉쳐
일 벌리기를 좋아하는 내 성격과
내가 하고자 하는 일을 지지하고 응원해주었던 남편과 아이들,
가족의 지원 덕분에 나는
정말 운 좋게 많은 기회들을 놓치지 않을 수 있었다.
그리고 그 기회들이 지금의 나를 있게 해주었다.
스물넷, 처음 엄마가 되었을 때에는

나이 어린 엄마라는 자격지심이 컸다.
사람들은 너무 빨리 엄마가 되어버린 나를
사고 쳐서 서둘러 결혼했으려니,
어려서 뭘 모르겠거니 하고 바라봤다.
그런데 지금은 오히려 많은 사람들이 나를 부러워한다.
특히 내가 그 당시에 그렇게나 부러워했던
대학 다니고, 소개팅 나가고,
잘나가는 회사 취직했던 내 친구들이
이제는 반대로 나를 제일 부러워한다.

내 나이 올해 서른일곱 살.
첫째가 스무 살이 되어도
내 나이 고작 마흔넷밖에 되지 않는다.
막둥이인 셋째가 스무 살이 되어도
내 나이 갓 쉰이다.
나는 여전히 팔팔한 '나'일 수 있는 시간이 충분하다.

마흔넷의 나는 무엇을 할 수 있을까.
쉰 살의 나는 어떤 인생을 살고 있을까.

강연 중 엄마들에게 이런 질문을 던지곤 한다.

"여러분의 장래 희망은 무엇입니까?"
자신들의 아이가 아닌,
엄마의 장래 희망을 묻는 질문에 답을 하는 이는 흔치 않다.
'장래 희망=직업'으로 생각하기 때문이기도 하다.
나만의 정원을 갖는 것, 혼자 배낭여행을 떠나보는 것도
장래 희망이 될 수 있다.
그러나 엄마들은 자신의 장래에 대해 생각해볼 여유가 없었다.
오롯이 자기 자신에 대해서만 생각해볼 여지가 없었다.
때문에 답하지 못한다. 자신의 '장래 희망'에 대해서.

엄마들의 10년, 20년 후의 모습은 어떨까.
아이들 키우느라 바빠 나를 키우는 데에는 소홀했던 것을
후회하며 지내지는 않을까.
더이상 엄마 품이 필요치 않은 다 큰 자식들을 아쉬워하며
여전히 자식들을 인생의 전부로 알고 사는 엄마이지는 않을까.

엄마.
나이 쉰의 당신은 어떤 모습일까.
나이 예순의 당신은 어떤 인생을 살고 있을까.
그리고 그때의 당신은 어떤 이름으로 불리고 있을까.
아이 키우느라, 살림하느라 놓치고 있는 당신의 이름.

엄마, 당신의 이름은 무엇입니까?

나오며

육아와 살림을 전담하며 아이 셋을 키우던 전업주부 엄마,
재택근무를 하는 워킹맘이기도 했던
육아와 살림을 도맡는 주부 최전방에 있었던 제가
작년에 책을 낸 후로
전국 각지를 돌며 육아 강연을 하는 강사가 되었습니다.
딱히 수첩에 적을 만한 특별한 비법 전수도 하지 않으면서,
아이는 이렇게 키워야 한다고 설파하지도 않으면서 다만,
십수 년간 우리 아이들을 키워온 이야기들을
사진으로 보여주며

그간 살아온 이야기를 할 때면
적잖은 엄마들이 두 눈이 뻘게지도록 눈물을 쏟아냅니다.
그저 평범한 일상 속, 우리 아이들에 대한 이야기를 할 뿐임에도
엄마들은 늘 미안한 마음이 앞서고
모자란 자신으로 인해 아이들이 피해를 보는 것 같다며 웁니다.
혹은, 아무도 알아주지 않았던 자신의 고충을
난생처음 보는 강사가 콕 찝어준 것에 공감하며 웁니다.

강연장에서 만나는 엄마들은 웃음이 많습니다.
눈물도 많습니다.
아주 사소한 우스갯소리 한마디에도 자지러지게 웃고,
별일 아닌 아이 키우는 이야기에도 눈물을 뚝뚝 흘립니다.
여전히 소녀 같이 여리고 여린 엄마들에게 지워진
육아와 살림의 짐이 너무도 버거워 보일 때가 있습니다.

중딩, 초딩, 유딩 3종 세트를 키우며
이제는 아이들이 제법 자라 자기 앞가림을 할 나이가 되고 보니
아이 키우는 일이 생각보다 수월하다고 느끼는 요즘이지만,
제가 지나온 시간 중에도 눈물을 쏟을 만큼
힘들고 외롭던 때가 많았습니다.
그런 엄마들에게 작게나마 힘이 되고 싶었습니다.

꼭, 반드시 그리하지 않더라도 괜찮다고,
세상이 그렇게 해야만 한다는 것을 흘려듣고,
이때에는 이렇게 해줘야만 한다는 것을 그러려니 하고 넘겨도
아무 일도 일어나지 않는다는 것을 알려주고 싶었습니다.

나와 내 아이들을 기준으로
지금 편안한 것, 지금 행복한 것이
더 중요하다며 행복한 '오늘'에 집중해 살아온 시간들,
저는 그 시간들을 후회하지 않습니다.
우리 아이들을 영재로 키우지 않았대도,
영어 신동, 수학의 신으로 키우지 않았대도,
아이들이 특목고를 가고 명문대를 나온 결과지가 없는 엄마래도
오늘도 웃음 넘치는 하루로 즐겁고 행복한 아이들을 보며
그것으로 되었다 생각합니다.

더 나은 엄마가 되기 위해
육아 강연을 찾아다니던 엄마들에게 저는
'우리는 이미 좋은 엄마입니다'라는 제목으로 강연을 했습니다.
여전히 불안하고 자신감이 없는 엄마들에게
선뜻 받아들여지지 않는
"우리는 이미 좋은 엄마입니다"라는 말.

더 애쓰지 않아도 좋다고,
더 노력하려 다그치지 않아도 좋다고 말하고 싶습니다.
언제나 아이들에게 최고를 위해 최선을 다해온 엄마들에게
조금 쉬엄쉬엄 가도 좋다고 말하고 싶습니다.
엄마인 나를 좀더 다독여주면서,
엄마인 나를 좀더 안아주면서
엄마이기 이전의 한 사람인
나에게 좀더 집중하기를 바랍니다.

아이를 키우는 모든 엄마 동지들에게 이야기하고 싶습니다.
"여기까지 참 잘 왔다"라고.
5개월 아이를 키우는 엄마든, 5세 아이를 키우는 엄마든
5학년 아이를 키우는 엄마든 간에
아이와 함께해온 그 모든 시간을
참 잘 견뎌왔고 참 잘해왔다고 응원하고 싶습니다.

기억하세요.
엄마는 혼자가 아님을.
엄마의 감정선을 함께 타는 우리 가족이
늘 당신과 함께한다는 것을.
그리고 같은 고민을 하는 엄마 동지들이

무척이나 많다는 것을.

행복한 오늘 하루를 사는 엄마들이기를 기도합니다.
그리고 내일은 더 행복할 엄마들일 것임을 믿습니다.

이 세상 모든 엄마들,
당신들이 있어 행복한 우리 아이들의 미소를 봅니다.
고맙습니다. 감사합니다.
수고하셨습니다. 고생하셨습니다.
아이들의 미소와 함께 오래도록 행복한 당신이기를.
엄마이기에 더욱 아름다운 당신을 응원합니다.

엄마 마음 십계명

1. 완벽한 엄마가 되려 애쓰지 않아도 좋다.
나란 엄마가 부족하더라도, 나란 엄마 덕분에
우리 아이들은 이미 행복한 하루하루를 살고 있다.

2. 엄마의 희생과 모성애에 큰 의미를 두지 말자.
엄마인 나를 평가하는 것은 타인의 시선이 아니라 우리 아이들이다.
우리 아이들은 희생하며 아파하는 엄마보다
활짝 웃는 행복한 엄마를 더 사랑한다.

3. 엄마 탓이 아니다. 죄책감을 버리자.
아이에게 일어나는 모든 일이 엄마 탓일 수는 없다.
죄책감을 끌어안고서는 아이를 끌어안을 수 없다.
그러니 그만 미안해도 좋다. 우리는 이미 충분히 좋은 엄마니까.

4. 엄마는 자기 뜻대로 되지 않을 때 불행해진다.
아이의 성격, 성적, 성공, 심지어는 반반의 확률인 성별조차도
엄마의 뜻대로 되는 것은 결코 없다.
아이가 엄마 뜻대로 되지 않는 것에 대해 일찌감치 마음을 비우자.

5. 사랑하면 때리지 않는다.
부모에게 사랑받으려 애쓰는 아이가 아니라
부모에게 혼나지 않으려 애쓰는 아이를 보는 것은 마음 아픈 일이다.

사랑하면 때리지 않기 위해 더 공을 들이고 더 애를 쓰며 보듬는다.

6. 엄마도 화가 날 수 있고 짜증날 수 있다.
잘못된 방법으로 화를 내고 짜증을 내는 것이 문제다.
화내고 짜증 내는 자신을 탓하지 말자. 자연스러운 거니까.
다만 행동에 주의하자. 잘못된 방법으로 감정을 표출하지 않도록 말이다.

7. 지금 있는 그대로의 아이들의 모습에 감사하자.
엄마가 아이에게 해줄 수 있는 최고의 선물은
감탄과 감동과 감사일 것이다.
엄마가 아이에게 하는 최악의 고문은
한탄과 감독과 감시다.

8. 우리는 이미 충분히 좋은 엄마다.
내 생각대로 되지 않은 것은
내 의지로 어찌할 수 없는 영역의 일이기 때문이다.
내 의지로 어찌할 수 없는 일까지 후회하고 자책하며
이 좋은 날, 이 좋은 순간을 날려버리고 싶지 않다.

9. 바로 지금 이 순간 행복하자.
행복은 성공 후에 누리기 위해 유예하는 것이 아니다
매일 아침 눈뜨며 다짐한다.
행복한 오늘이기를.
매일 저녁 눈 감으며 다짐한다.
내일은 더 행복한 오늘이기를.

10. 엄마의 장래 희망을 위해 살자.
아이들의 장래 희망(직업)을 위해 오늘을 희생하지 말자.
나이 쉰, 예순이 되어 있을 내 모습을 상상하며
나의 장래 희망을 위한 오늘을 살자.

보통의 엄마

초판 인쇄 2016년 6월 7일
초판 발행 2016년 6월 16일

지은이 야순님(김나영) | 그림 키큰나무 | 펴낸이 염현숙
기획·책임편집 강명효 | 편집 배주영
디자인 김선미
마케팅 방미연 우영희 김은지 | 홍보 김희숙 김상만 한수진 이천희
제작 강신은 김동욱 임현식 | 제작처 영신사

펴낸곳 (주)문학동네
출판등록 1993년 10월 22일 제406-2003-000045호
주소 10881 경기도 파주시 회동길 210
전자우편 editor@munhak.com | 대표전화 031) 955-8888 | 팩스 031) 955-8855
문의전화 031) 955-8858(마케팅), 031) 955-2680(편집)
문학동네카페 http://cafe.naver.com/mhdn | 트위터 @munhakdongne

ISBN 978-89-546-4124-1 13590

- 아우름은 문학동네 출판그룹의 브랜드입니다.
- 이 책의 판권은 지은이와 문학동네에 있습니다. 이 책 내용의 전부 또는 일부를 재사용하려면 반드시 양측의 서면 동의를 얻어야 합니다.
- 이 도서의 국립중앙도서관 출판예정도서목록(CIP)은 서지정보유통지원시스템 홈페이지(http://seoji.nl.go.kr)와 국가자료공동목록시스템(http://www.nl.go.kr/kolisnet)에서 이용하실 수 있습니다.(CIP제어번호: CIP2016013616)

www.munhak.com